LAROUSSE

SALSAS MEXICANAS

Bilingüe

MEXICAN SALSAS

Bilingual

Ricardo Muñoz Zurita

LAROUSSE

Table Salsas, a Mainstay of Mexican Cuisines

Table sauces, or more correctly, salsas, are a centuries-old culinary specialty in Mexico. In pre-Hispanic times, they were called *mulli* in Nahuatl, and were generally ground or crushed chile-based preparations. This etymology survives to this day in the name of the innumerable preparations generically called *moles*, as well as their variants: *huaxmole, ayomole, remole, tesmole* or *guacamole*, to name a few. At least two major contemporary culinary divisions have emerged from this family of pre-Hispanic *mulli*: the aforementioned *moles*, which are cooked sauces made with chiles and served with vegetables or meats, and the table salsas, raw or cooked preparations used to dress the dishes at table. Both specialties are a pillar of Mexican cuisines due to their presence throughout the country and for the hundreds of regional varieties.

As a result of the importance of table salsas in Mexico, chef Ricardo Muñoz Zurita, with more than 30 years of work compiling and systematizing recipes and information on Mexican culinary traditions, showcases more than 80 table salsa recipes in this book. His selection was based on two criteria: the first includes those that he considered ubiquitous throughout the country or present with variations across many regions, and the second, those that deserve a place in this book owing to their uniqueness.

The salsas in this book are classified into four groups: first, the versatile *picos de gallo*, also served as snacks, entrees, or even salads; second, *guacamoles*, or avocado-based salsas; third, fresh-chile salsas, and fourth, those made with dried chiles.

With more than 40 years of experience in food and culinary photography, photographer Ignacio Urquiza was in charge of capturing all the recipes in image form. The photographs, along with Ricardo's well-known commentary, the precision in the breakdown of the ingredient lists and procedures for each recipe, as well as the teamwork by the publisher's Gastronomy division, make up a solid work that displays the diversity of just one unique specialty in Mexican culinary culture.

We trust this book is a valuable approach for you to learn and try out, several of the **salsas** the author proposes. The goal of this effort is to offer useful knowledge that allows you to add variety to your meals and for you to enjoy the best of gastronomy and photography in the work of two greats, hand in hand with Larousse.

THE EDITORS

Salsas de mesa, un pilar de las cocinas mexicanas

Las salsas en México constituyen una especialidad culinaria con siglos de historia. Se sabe que durante el periodo previo a la llegada de los castellanos se les designaba en náhuatl como *mulli*, y que se caracterizaban por ser preparaciones, generalmente molidas o martajadas, que contenían chile. Esta palabra de origen náhuatl pervive hasta nuestros días en el nombre de los innumerables guisos llamados genéricamente moles, así como en sus variantes: huaxmole, ayomole, remole, tesmole o guacamole, por mencionar algunos. De esta familia de *mullis* prehispánicos o salsas han surgido, cuando menos, dos grandes divisiones culinarias contemporáneas: los moles, que son guisos con chile, cocinados, que se sirven acompañados de algún elemento vegetal o animal, y las salsas de mesa, que son preparaciones, crudas o con algún tipo de cocción, que se emplean para aderezar los platillos en la mesa. Ambas especialidades constituyen un pilar de las cocinas mexicanas por su presencia en todo el país y por sus cientos de variedades regionales.

Debido a la importancia de las salsas de mesa en México, Ricardo Muñoz Zurita, con más de 30 años de labor en la recopilación y sistematización de recetas e información de las cocinas mexicanas, propone en este libro un recuento de más de 80 recetas de salsas de mesa. Su selección se basó en dos criterios: el primero, las que consideró ubicuas en el país o de las que existen variantes en diversas regiones, y el segundo, las que, por su singularidad, consideró que deben ser conocidas.

Las salsas en este libro están clasificadas en cuatro grupos: Picos de Gallo que, debido a su diversidad, no sólo pueden comerse como salsas de mesa, sino como botanas, entradas y hasta ensaladas. Guacamoles, que se caracterizan porque todos tienen como ingrediente común al aguacate. Salsas de chiles frescos, que son todas aquellas salsas que se elaboran con chiles frescos, a excepción de los picos de gallo y guacamoles, y finalmente las Salsas de chiles secos, preparadas con el ingrediente que indica su nombre.

Ignacio Urquiza, fotógrafo con más de 40 años de experiencia en fotografía culinaria y de alimentos, fue el encargado de materializar en imágenes las salsas de este libro. Éstas, junto con las ya conocidas glosas de Ricardo, la precisión en el desglose de los listados de ingredientes y los procedimientos de cada receta, así como el trabajo editorial de equipo del área de Gastronomía de la editorial, conforman una obra sólida que muestra lo diverso de, tan solo, una única especialidad de la culinaria mexicana.

Confiamos en que este libro sea para usted un valioso acercamiento para conocer y poner en práctica varias de las salsas que su autor propone. El objetivo de este esfuerzo es poner en sus manos conocimiento útil que le permita dar variedad a los alimentos en su mesa, y que se deleite con lo mejor de la culinaria y la fotografía con el trabajo de dos grandes, de la mano de Larousse.

LOS EDITORES

Introduction

To understand Mexican cuisine, we must necessarily begin by understanding spicy salsas, or table salsas. These mixtures are responsible for adding flavor to all types of broths, stews, snacks, and rice dishes and, of course, tacos.

Many dishes have no personality without their corresponding salsas, and in some cases they are inseparable; take for instance *tacos al pastor* with their árbol chile salsa, *sopes* with their *salsa verde*, *barbacoa* with its *salsa borracha*, *mixiotes* with *salsa verde* from Tlaxcala, or *huevos rancheros* with *salsa ranchera*; these dishes would simply not be the same without salsa.

But… what is a spicy or table salsa?

It's a mixture of ground or crushed ingredients that is usually made with one or several types of chiles, and may include tomatillo or tomato, garlic, onion and herbs or spices. In restaurant or at home, salsas are served in the center of the table in a special dish called *salsera*, in small gourd, clay or wooden bowls or in *molcajetes* (stone or clay mortars). Salsa is imperative for any meal, often spread on a hot tortilla, with corn tortilla chips, or on a piece of crusty *bolillo* roll before the meal is served. And it will continue adding flavor to the dishes to come.

There are a few distinguishing features of Mexican table salsas. They should be fresh and made daily. It's not uncommon for there to be two types of salsas on the table, a green one and a red one. One is always spicier than the other, so that the diner can decide which one they prefer, or even to combine them.

In order to make our recipes easier to follow, we chose to divide the salsas into four sections: two by type of chile, that is, those made with fresh chiles and those prepared with dried chiles, one on *picos de gallo* whose ingredients are chopped into small cubes, and the other on guacamoles and salsas that include avocado.

Finally, keep in mind that the salsas differ from each other with a simple change in the manner of processing the chiles, the tomatillos or the red tomatoes. Perhaps the best example is in the green salsas, where all of the ingredients may be completely raw, completely cooked or roasted and a few with combinations of some raw ingredients with other ingredients cooked or roasted. Given all these possible combinations, we offer several green salsa recipes —the reigning salsas in the central regions of Mexico.

This very same marvel happens with the red salsas prepared with fresh or dried chiles. One interesting fact is that dried chiles combine extraordinarily well with both tomatoes or with tomatillos, whether these are raw, roasted or cooked.

This book of recipes delivers a select account of diverse salsas that I've collected from different regions of Mexico throughout the years. It includes the most common ones but, also, the most unusual or least known beyond the region where they are originally produced, such as prickly pear based salsas.

CHEF RICARDO MUÑOZ ZURITA

Introducción

Conocer las salsas picantes o salsas de mesa es comenzar a comprender la cocina mexicana. Estas preparaciones son las que le ponen sabor a todo tipo de caldos, antojitos, arroces y, por supuesto, a los tacos.

Muchos platillos no tienen personalidad sin sus salsas correspondientes, es el caso de los tacos al pastor con salsa de chile de árbol, los sopes con salsa verde, la barbacoa con salsa borracha, los mixiotes de Tlaxcala con salsa verde, o los huevos rancheros con salsa ranchera.

Pero… ¿qué es una salsa picante o de mesa? Es una preparación elaborada generalmente con un tipo de chile, o varios, que puede incluir tomate verde, jitomate, ajo, cebolla y hierbas o especias, todos martajados o molidos. Se coloca siempre en el centro de la mesa en una pequeña salsera, cajete, platito o molcajetito, sin importar si es un restaurante o una casa. Es una preparación indispensable para comenzar la comida, pues es común untarla en una tortilla caliente, en totopos o sobre un pedazo de bolillo mientras se espera la comida. Cuando los alimentos llegan a la mesa las salsas son el perfecto acompañante para añadirles sabor y picor.

Existen algunas exigencias mexicanas para las salsas de mesa, por ejemplo, que sean frescas y del mismo día. Además, no es inusual que haya en la mesa dos tipos de salsas: una verde y una roja; una siempre es más picante que la otra, con el fin de que el comensal decida a su gusto cuál consumir o, incluso, combinarlas.

El recetario que tiene en sus manos es un recuento de distintas salsas que he recolectado a lo largo de varios años por diferentes regiones de México. Se incluyen las más comunes y, al mismo tiempo, las más raras o poco conocidas fuera de la región donde se elaboran, como las salsas hechas a base de xoconostle.

Las recetas están agrupadas en cuatro secciones: dos de ellas se integran por el tipo de chile que emplean (frescos y secos), otra son las salsas llamadas picos de gallo (que sus ingredientes se cortan en cubitos), y una más los guacamoles o salsas que incluyen aguacate.

Notará que las salsas son diferentes una de otra tan sólo por cambiar la manera de procesar los chiles, los tomates o los jitomates. Tal vez el mejor ejemplo sean las salsas verdes, en el que todos los ingredientes pueden quedar totalmente crudos, todos cocidos o asados y, en algunos casos, quedar unos crudos y otros cocidos o asados. No está de más mencionar que a las salsas verdes, que reinan en el centro del país, se les dedicaron varias recetas. La variedad de las salsas también incluye a las rojas elaboradas con chiles frescos o secos, estos últimos combinan muy bien tanto con jitomates como con tomates verdes, sin importar si están crudos, asados o cocidos.

CHEF RICARDO MUÑOZ ZURITA

Contents

Contenido

The Chiles

Amashito Chile Amashito chile is a staple in the cuisine of the state of Tabasco. It's small, round, and usually green. It's not mixed into any cooked dish nor added to the sauces of these, but rather made into a spicy salsa added to taste, once the dish is served. The seeds are not usually removed. The word *amashito* comes from the Mayan language with the Spanish diminutive suffix *-ito*. Therefore, this chile may also be found as *amash*, or *max* (pronounced "mah-sh"). The name of this chile in Mayan can be written as *maas 'ic* or *maax ik*.

Ancho Chile Ancho chile is a sun-dried poblano chile. Poblano chiles are ripened on the stalk until they turn red, then harvested and laid out to dry completely on mats or on the direct pavement. There are other types of poblano chiles that turn brown when ripened, becoming mulato chiles once dried. The structures on which the chiles are left to dry are called *paseras* and are slightly inclined to avoid moisture buildup. Ancho chiles come in different qualities, the best of which is ancho *flor*, followed by premium ancho chile. Anchos receive a variety of names depending on the region: *chile color* in southeast Mexico, ancho *chino* in the Huasteca region of Veracruz, or ancho *rojo* in the state of Michoacán. Ancho chiles produce dark red, fruity salsas, which taste better when combined with other chiles, as in mole sauces that combine guajillo, pasilla or mulato.

Cascabel Chile The cascabel (rattle) chile is a dark red or deep brown (almost black) dried chile. It's shaped like a sphere and, when shaken, rattles, hence its name. When dried, it maintains its rounded shape. The cascabel develops a nice, very pecan-like flavor and pairs well with tomato and tomatillos in table salsas.

Catarino Chile Whether fresh or dried, this chile maintains its characteristically ovoid shape and pointed tip. When fresh, it's green, reddening as it ripens, and turning a dark red once dried. It's 1¼ to 2½ inches long and is grown in Aguascalientes and some regions of Northern Mexico. It's used in spicy salsas, stews, soups, and adobo sauces, though it's the main protagonist in only a hand full of recipes.

Chipotle Chile In Nahuatl, chipotle means "smoked chile" (*chilli*: chile, *poctli*: smoked). One or several types of fresh jalapeño chiles become chipotles when dried and smoked. Thus, the characteristics of a chipotle vary depending on the region. Veracruz, for example, produces a dark, intense wine-red chipotle known as chipotle *rojo* or *mora*. Mexico City and the State of Mexico, on the other hand, produce a woody and cork-textured chile with a red interior known as chipotle *tamarindo* or chipotle *meco*. Chipotle chiles can be found in markets, though they are not so abundant as the majority is used commercially, canned in *adobo* sauce or in light brine. Dried or canned chipotle salsas are tasty and very sought-after, as chipotle flavor has no substitute.

Costeño Chile There are two types of costeño (coastal) chiles: red and yellow. Both grow in the northern part of the coast of Oaxaca, from which they derive their name. They are flat, either intense dark red or dark yellow in color, almost translucent and shiny, and they are spicy. In Oaxaca, costeño chiles are sold by volume (in liters) rather than weight, and dried ones are always more expensive. When fresh, they are consumed as *rajas* (strips), or in salsas, while dried ones are used for costeño chile salsas, salsas for tamales, yellow *moles*, and enchiladas: They are practically unique to Oaxaca's coastal regions, though they can be found in public markets like the Medellín, San Ángel, and San Juan markets of Mexico City.

Chile amashito
Amashito Chile

Chile ancho
Ancho Chile

Chile cascabel
Cascabel Chile

Los chiles

Chile amashito Chile característico de Tabasco, pequeño, regularmente verde y de forma redondeada. No se mezcla con ningún guiso ni se agrega a la salsa de éstos, sino que se prepara una salsa picosa con él y se agrega al gusto en la mesa. Regularmente no se le retiran las semillas. El nombre proviene del maya, aunque la terminación "-ito" se usa para describir algo pequeño, por lo que el chile puede encontrarse también como *amash* o *max*. El nombre del chile en maya puede escribirse como *maas 'ic* o *maax ik*.

Chile ancho Chile seco que se obtiene del chile poblano fresco. Los chiles poblanos se dejan madurar en la planta hasta que están rojos, entonces se cosechan y se extienden sobre tapetes o el mismo pavimento hasta que estén totalmente secos. Hay otros tipos de chiles que al madurar adquieren un color café, convirtiéndose en chile mulato cuando están secos. Se denominan "paseras" a las estructuras donde se secan los chiles, las cuales están ligeramente inclinadas para evitar la acumulación de humedad. Existen distintas calidades de los chiles, siendo la mejor de todas el "ancho flor" seguida del ancho de primera calidad. Dependiendo del lugar donde se busque se puede encontrar con distintos nombres: "chile color" en el sureste del país por su color o "ancho chino" en la Huasteca veracruzana, mientras que en Michoacán se llama "ancho rojo". Produce salsas rojas oscuras y afrutadas que mejoran cuando se mezclan con otros chiles, como en el mole que se mezcla con guajillo o pasilla y mulato.

Chile cascabel Es un chile seco de color rojo oscuro y café oscuro, casi negro, de forma esférica y muy parecido a una sonaja; esta última característica le da su nombre, ya que al agitarlo suena como cascabel. Cuando se seca mantiene su forma redonda y abombada. Desarrolla un sabor agradable muy parecido a la nuez. Combina muy bien con el jitomate y el tomate verde para salsas de mesa.

Chile catarino Fresco o seco, este chile mantiene su característica forma ovoide con terminación en punta. Fresco es verde y enrojece al madurar, tornándose de un color rojo oscuro al secarse. Miden entre 3 y 6 centímetros de largo; se produce en Aguascalientes y algunas partes de norte del país. Se utiliza en salsas picantes, guisos, sopas y adobos, aunque en muy pocas recetas es el protagonista.

Chile chipotle Técnicamente, chipotle quiere decir "chile ahumado". Se trata de uno o varios tipos de chile jalapeño fresco, que, al secarse y ahumarse, se convierten en chile chipotle. Dependiendo de la región pueden existir variantes; por ejemplo, en Veracruz se trata de un chile rojo oscuro de color vino intenso conocido como chipotle rojo o mora. En la Ciudad de México y en el Estado de México se encuentra un chile de textura leñosa y acorchada con un interior color rojo; a éste se le conoce como chipotle tamarindo o chipotle meco. Se pueden encontrar en el mercado, aunque no son tan abundantes, pues la mayoría se utilizan en la industria para hacerlos adobados o en escabeche. Las salsas de chile chipotle seco o de lata son muy buscadas y sabrosas debido a que no hay ningún sustituto.

Chile costeño Existen dos tipos de chile costeño: rojo y amarillo. Ambos crecen en la parte norte de la costa de Oaxaca, característica que les da su nombre. Son planos, de color rojo intenso oscuro y amarillo oscuro, casi traslúcido y brillante, y se consideran picosos. En Oaxaca se venden por medida (litros) y no por peso. Cuando son frescos se consumen en rajas y en salsas, mientras que secos, se emplean para salsas de chile costeño, salsas para tamales, moles amarillos y enchiladas. Prácticamente son únicos de Oaxaca, en la región de la costa, aunque se pueden encontrar en mercados populares de la Ciudad de México como el de Medellín, San Ángel y San Juan.

Chile catarino
Catarino Chile

Chile chipotle
Chipotle Chile

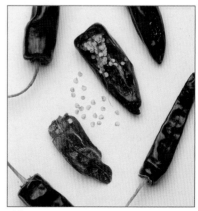

Chile costeño
Costeño Chile

Árbol Chile   The name chile de árbol (tree chile) refers to three varieties of varying sizes. The collective full name is *chile de árbol de Yahualica* (Yahualica is a town in the highlands of Jalisco) and it grows around the states of Jalisco and Zacatecas in a bush at least 6 feet high (hence its name, since other chile bushes are much smaller). The most popular variety is long and pointy and measures up to 2¾ inches long. When fresh and green, it can be used in both raw and cooked table salsas or served over rice. When dried, some turn intense orange and others deep red. Árbol chile is used for all kinds of salsas, mainly cooked red ones. In cooked salsas it pairs very well with tomatillos or tomatoes. Some varieties also grow in Nayarit and Chihuahua, and in Mexico City they're known as *cola de rata* (literally, rat tail), because they are longer than the Yahualica árbol.

Guajillo Chile   Along with ancho, guajillo is one of the most widely used chiles in Mexican cuisine. It usually has a deep dark red, smooth and shiny skin. When fresh, the chile has an elongated cylindrical and conical shape; once dried, it flattens slightly. As with the ancho chile, there are different qualities, the premium quality being the best for cooking; this quality guajillo should always be whole and have no visible tears or discolorations, plus it should be flexible to the touch. When this chile is fresh, it's called *chile mirasol* (sunflower chile), though it's seldom found fresh in markets. It's green when unripe and reddens upon maturation. There is a variety called *chile guajón*, which is identical to the guajillo, but bigger, and it adds color and volume to preparations, though not flavor. Innumerable dishes and adobo sauces can be made with guajillo; in Oaxaca, it's used as a substitute for the *chilhuacle amarillo* chile, and when toasted, to create the black color of both black mole and black *chichilo mole* sauces.

Habanero Chile   As with the árbol chile, the habanero has different varieties. However, the original one comes from Yucatán. Habanero is the spiciest chile in Mexico; it's mostly used fresh and there are, in fact,

no traditional recipes using it dried. It can be used when still green, though some people wait for it to reach maturity, when it acquires an orange or even red color. Its shape is globular, slightly pointed, and wrinkly. A very spicy salsa is made in Yucatán using a regional mortar called a *tamul* (the resulting texture is referred to as, *tamulada*). These *salsas tamuladas* use only raw or roasted habanero chile, simply crushed in the tamul and seasoned with salt and either Seville orange or lime juice.

Jalapeño Chile   Originally, this chile's name was *cuaresmeño* (Lenten), since it was sent from Veracruz to Mexico City during Lent. Over time, a chile cannery in the city of Xalapa, Veracruz began operations under the name La Jalapeña, so the chile's name eventually changed for good, and it came to be known as jalapeño both in Mexico and abroad. The jalapeño is a dark green, shiny, cylindrical chile, with a large placenta, from which seeds and veins are almost always removed. It's easy to find fresh all year round. Most of the harvests are pickled or canned; it's also often used fresh in salsas and as stuffed chiles. No less important are the enormous amounts of chiles left to ripen on the stalk, then dried, smoked, and sold as chipotles.

Manzano Chile   Although originally from Peru, where it's known as rocoto, in Mexico it's very popular, where the local variety is spicier. Though they can look greenish, manzanos are usually yellow, bulbous, slightly conical, and rounded in the tip. Their most prominent characteristic is their black seeds, which, though edible, are not commonly used and are normally discarded.

Mora Chile   Mora chile is considered a variety of chipotle. This often wine red or purple chile is used in the same way as the chipotle and, according to many people's tastes, is even tastier. It's also called chipotle *mora*.

Chile de árbol
Árbol Chile

Chile guajillo
Guajillo Chile

Chile habanero
Habanero Chile

Chile de árbol Este chile comprende tres variedades de diferente tamaño. Su nombre completo es chile de árbol de Yahualica, y crece en los alrededores de Jalisco y Zacatecas en un arbusto de al menos 2 metros de altura (de ahí el nombre "de árbol", puesto que los otros arbustos de chile son pequeños). La variedad más popular es alargada y puntiaguda, con hasta 7 cm de largo. Cuando está fresco y verde se puede emplear en salsas crudas y cocidas para mesa o poner sobre el arroz. En estado seco algunos se tornan naranja intenso y otras de un rojo profundo; se emplea para todo tipo de salsas, rojas cocidas principalmente; en las salsas cocidas combina muy bien con el tomate verde y el jitomate rojo. Algunas de las variantes se cultivan también en Nayarit o en Chihuahua, las cuales se conocen en la Ciudad de México como "cola de rata" debido a que son más largas que el chile de árbol de Yahualica.

Chile guajillo Este chile seco es quizá el más utilizado en la cocina mexicana, junto con el chile ancho. El típico chile guajillo es de piel tersa y brillante, color rojo profundo y, cuando está fresco es de forma cilíndrica y cónica alargada; al momento de secarse se aplana ligeramente. Al igual que el ancho, existen distintas calidades, siendo el de primera calidad el mejor para cocinar; éste debe estar siempre entero y no presentar rupturas ni decoloraciones además de ser flexible al tacto. Cuando el chile está fresco se le llama "chile mirasol", aunque casi no se puede encontrar así en los mercados. Es verde cuando está inmaduro y enrojece al madurar. Existe una variedad denominada "chile guajón", que es idéntico al guajillo, pero más grande, que da color y volumen a los preparados, pero no sabor. Con el guajillo se pueden hacer un sinnúmero de platillos y adobos; en Oaxaca se utiliza para sustituir al chilhuacle amarillo y, tostándolo, para obtener el color negro del mole negro y chichilo negro.

Chile habanero Al igual que el chile de árbol, el habanero tiene variedades. No obstante, el original proviene de Yucatán. El habanero es el símbolo de chile más picante en México; se emplea principalmente fresco y, de hecho, no existen recetas tradicionales con el chile seco. Se puede utilizar cuando aún está verde, aunque algunas personas esperan que madure más cuando toma un tono más anaranjado o hasta rojo. Es de forma un tanto globosa, ligeramente oblicuo con algo de punta y con dobleces. Este chile se utiliza solamente crudo o asado en salsas. Existen salsas tamuladas que son muy picosas, en las que sólo se machaca el chile asado y se le adiciona sal y jugo de naranja agria o limón.

Chile jalapeño El nombre original de este chile es chile cuaresmeño. Proviene de Veracruz, de donde se enviaban a la Ciudad de México en época de cuaresma (de ahí su nombre). Con el paso del tiempo, una empacadora de chiles en Xalapa inició actividades bajo el nombre de "La Jalapeña", con lo que dentro y fuera del país el nombre del chile se cambió permanentemente por el de jalapeño. Se trata de un chile verde oscuro, brilloso, cilíndrico, con placenta grande, del cual las semillas y venas casi siempre se retiran. Es fácil de encontrarlo fresco durante todo el año. La gran mayoría del cultivo se destina para hacerlo en escabeche y enlatarlo, pero también es muy consumido fresco en salsas y para rellenarlos. No menos importante es la gran cantidad de chiles que se dejan madurar en la planta, que se secan y se ahúman para venderse como chiles chipotles. Si no se dispone de chile jalapeño para alguna salsa, se puede usar chile serrano o de árbol frescos.

Chile manzano Aunque este chile es originario de Perú, donde se le conoce como "rocoto", en México es muy popular y es más picante que la variedad sudamericana. Aunque pueden llegar a verse verdes, típicamente son de color amarillo, bulbosos, con punta redondeada y ligeramente cónicos. Su mayor característica son las semillas negras que, aunque son comestibles, normalmente se desechan.

Chile mora Se considera una variante del chile chipotle, que suele ser rojo vino o de color púrpura; se utiliza igual que los chipotles y, para

Chiles jalapeños verde y rojo
Green and Red Jalapeño Chiles

Chile manzano
Manzano Chile

Chile mora
Mora Chile

Mulato Chile   Mulato chile is a poblano chile when fresh. When a poblano matures on the stalk, it turns dark red; when it's left to dry in the sun, it becomes a very wrinkled, black-skinned chile, so it's also called pasilla *negro* (black). Its use is very similar to that of the ancho and it's always accompanied by some other chile, such as guajillo or pasilla. To distinguish it from pasilla, you must observe it against the light, and you will notice a notably dark chocolate color.

Pasilla Chile (chile pasilla mexicano)   This chile is obtained from the fresh chilaca variety. Pasilla chile derives its name from its similarity to a raisin because when a *chilaca* dries, it wrinkles up and also develops some sweetness, for the fresh chile is spicier than when dried. Chile pasilla salsas are famous, among them the *borracha* (drunken) versions. The pasilla chile also used in *mole* sauces, *adobos* and sauces for dishes.

Oaxacan Pasilla Chile   It's called Oaxacan (*oaxaqueño* or *de Oaxaca*) in order to differentiate it from the Mexican pasilla (pasilla *mexicano*). It is also called *chile pasilla mixe* as it's cultivated in several municipalities of the Mixe region of Oaxaca. It's quite hard to find fresh, since growers keep the seed from leaving the region. Once harvested, Oaxacan pasilla is smoked, a process that makes the seeds unusable for germination. In general, Oaxacan pasilla is expensive because it's sold by unit rather than by weight. This chile comes in different qualities; first grade Oaxacan pasilla is the best among them. A Oaxacan pasilla can reach a length of 6¾ by 1 ½ inches wide. These chiles are excellent for stuffing because they add a pleasant slightly fruity flavor, but they are very spicy.

Piquín Chile   This chile is considered the banner of the cuisine of Monterrey, Nuevo León. It's considered a "noble chile" since its heat only affects the palate, but does not cause stomach or intestinal discomfort. Like the other piquín chiles of the same family, it's shaped like a small berry, around ⁵/₁₆ inches long by ¼ inch wide. When unripe, its color is a deep dark green, turning red as the maturation process advances. The piquín is used with grilled meats or to make cooked and mortar crushed salsas for Northern-style tamales. Once ripened and dried, piquín chile powder is made, very famous in Mexico for accompanying snacks and dishes.

Puya Chile   Puya is very similar to guajillo chile in color and shape, but is smaller. It's 4 to 5 inches long and its shape is conical-cylindrical. When dried, this chile is flat and pointy. When fresh, it's known as *chile miraflor* (sunflower chile), although it's rarely seen this way since most of these chiles are dehydrated in ovens. As a general rule, 5 or 6 guajillos along with 3 or 4 puyas are used in a home-cooked dish.

Serrano Chile   The serrano is one of the most common green chiles found in every market of central Mexico. It's often called *chile verde* (green chile), which is not synonymous to just the serrano, for both jalapeño and fresh árbol are also called *chile verde*. One if the most unique traditions related to this chile is eating it bite by bite along with a meal. Typically green, it will redden depending on the degree of ripeness. It's primarily used for salsas, either raw or cooked, but always green. If you want a less spicy salsa, remove the seeds and veins.

Simojovel Chile   Very popular in Chiapas, this chile was named after the town where it originated. In public markets, it's mostly sold dried, in small bags and by volume. The Simojovel is a small conical, berry-like chile, approximately ⁷/₁₆ inches wide and ⅞ inches long. It's used in small quantities to add spice to preparations but is also used in salsas with lime juice and salt. Simojovels are also added whole to broths. Natives of Chiapas consider it "mandatory" for accompanying all kinds of broths, eggs, soups and a great variety of other dishes.

Chile mulato
Mulato Chile

Chile pasilla mexicano
Pasilla Chile (chile pasilla mexicano)

Chile pasilla oaxaqueño
Oaxacan Pasilla Chile

el gusto de muchos, es más sabroso. También se le conoce como chile chipotle mora.

Chile mulato

Cuando es fresco se trata del chile poblano. Al madurar en la planta se torna rojo profundo, y al secarse al sol se convierte en un chile muy arrugado de piel negra, por lo cual también se le llega a conocer como chile pasilla negro. Su uso es muy similar al chile ancho y siempre se emplea con algún otro chile, como guajillo o pasilla. Para diferenciarlo del chile pasilla se debe ver a contraluz para identificar que su color sea café oscuro, similar al chocolate.

Chile pasilla mexicano

Este chile se obtiene del chile chilaca. El nombre proviene del parecido con una uva pasa, ya que cuando la chilaca se seca y deshidrata, se arruga; además, desarrolla cierto dulzor, pues el chile fresco es más picoso que el seco. Son famosas las salsas de chile pasilla, entre ellas la borracha. También se emplea en moles, adobos y salsas de guisados.

Chile pasilla oaxaqueño

Se le llama de este modo para diferenciarlo del pasilla mexicano. También se llama chile pasilla mixe debido a que se cultiva en varios municipios de la región Mixe de Oaxaca. Es muy difícil encontrarlo fresco, ya que los agricultores evitan que la semilla salga de la región. Cuando se cosecha, se ahúma, proceso que deja a la semilla inservible para su germinación. En general, el chile es caro porque se vende por pieza y no por peso. Existen calidades, siendo la de primera la mejor de todas. Pueden llegar a medir 17 centímetros de largo por 4 de ancho. Son excelentes para rellenar, puesto que aportan un agradable sabor ligeramente afrutado, pero son muy picosos.

Chile piquín

Este chile se considera la bandera de la cocina regia, en Nuevo León. Se considera un "chile noble", ya que solo pica en el paladar, pero no provoca molestias estomacales o intestinales. Al igual que los otros chiles piquines de la misma familia, es una baya pequeña

de 8 milímetros de largo y unos 6 de ancho. Es de color verde profundo cuando inmaduro y enrojece conforme avanza el proceso de maduración. Se emplea en las carnes asadas o se pueden hacer salsas guisadas y en molcajete para los tamales norteños. De este chile se puede obtener, cuando madura y se seca, el chile piquín molido, que es tan famoso en México por acompañar botanas y platillos.

Chile puya

Este chile tiene un gran parecido en color y forma al chile guajillo, pero es más pequeño. Tiene entre 10 y 13 centímetros de largo y es de forma cónica-cilíndrica. Secos son planos y puntiagudos. Cuando está fresco se le conoce como chile mirasol, aunque casi nunca se le ve así, pues la mayoría se deshidrata en hornos. Generalmente, en un guiso casero se usan de 5 a 6 chiles guajillo con 3 o 4 chiles puya.

Chile serrano

Éste es uno de los chiles verdes más comunes que se encuentran en todos los mercados del centro del país. Muchas veces es llamado chile verde, aunque no es sinónimo, pues el jalapeño y el de árbol frescos también lo son. Una de las tradiciones más singulares en torno a este chile es comerlo a mordidas junto con los alimentos. Típicamente es verde, aunque pueden llegar a enrojecer dependiendo del grado de maduración. Su uso primordial es para salsas, en las cuales se utiliza crudo o cocido, pero siempre verde. Si se quiere una salsa no tan picante, se deben retirar las venas y semillas.

Chile Simojovel

Muy popular en Chiapas, el nombre se debe a que el pueblo de donde es originario tiene el mismo nombre. Se comercializa en su mayoría seco en los mercados populares, donde se vende en bolsitas por medidas. Es una pequeña baya de forma cónica, de aproximadamente 1.1 centímetros de ancho por 2.3 de largo. Se usa en pequeñas cantidades para dar sabor picante a los preparados, pero también se hace en salsas con jugo de limón y sal. Se añaden también enteros a los caldos, pero sin romperlos ni molerlos. Los chiapanecos dicen que "es la ley" para acompañar todo tipo de caldos, huevos, sopas y una gran cantidad de guisos.

Chile piquín
Piquín Chile

Chile Puya
Puya Chile

Chile serrano
Serrano Chile

Basic Equipment

Creating table salsas is quite simple and does not require much equipment but, there are some utensils worth noting and know how to substitute if unavailable.

Blender A good blender is a basic need for grinding salsas, especially if they are very smooth. A pulse blender is preferable as the salsa can be blended for a few seconds and stopped, thereby gauging the degree of texture desired. If not available, the whole process can be done by hand. As mentioned in the Introduction, sophisticated equipment is not required. Let's not forget that the blender is the modern substitute for the *molcajete*.

Molcajete The traditional stone mortar used in Mexican cuisine. The first thing to make sure of is that the *molcajete* is not made of porous stone. I have found *molcajetes* made in various parts of the country. However, I highly recommend the ones from Guanajuato and from the village of San Miguel in the municipality of San Salvador el Seco, Puebla. If a *molcajete* is completely new, make sure to grind a small amount of raw rice in it several times, which helps eliminate any leftover bits of the stone material. Also, grind any or several ingredients in it to cure the *molcajete*. When using a *molcajete* to make salsa, it's best to first grind the garlic, the onion and spices, the chiles, and lastly, depending on the recipe, the tomatillos or tomatoes.

Comal Many recipes mention roasting the tomatillos or tomatoes, and even the chiles or the garlic. The ideal utensil for this is a *comal* (griddle), made either of metal or clay. If you search carefully in regional markets, you will find-small ones around 10 inches in diameter, ideal for today's stoves. But if this isn't possible, simply use a sauté or skillet pan.

Salsa container Make sure you have a receptacle in which to pour the salsa-once it's blended or ground in the *molcajete*, so that you can take it to the table or store in the refrigerator. It's worth noting that many people leave the salsa in the *molcajete*, which is okay but, the *molcajete* stone will slowly absorb the liquid; thus it's better to transfer it to a small salsa container.

Tongs Locking tongs, or the equivalent, help to turn over ingredients roasting on the *comal* and avoid doing by hand and getting burned.

Licuadora
Blender

Molcajete
Molcajete

Comal de metal
Comal of metal

Equipo básico

Hacer salsas de mesa en realidad es muy sencillo y no requiere de gran equipo; sin embargo, hay algunos utensilios que merece la pena tomar en cuenta y saber cómo sustituirlos en caso de no contar con ellos.

Licuadora Una buena licuadora es básica para poder moler las salsas, especialmente si son muy tersas. Es preferible realizarlas en las que tienen la función por pulsaciones, que por algunos segundos licúan y luego se detienen, de esta manera se va calculando el martajado de la salsa. De no ser así, se puede hacer totalmente manual. Recordemos que la licuadora es el sustituto moderno del molcajete.

Molcajete Lo primero que hay que asegurar es que el molcajete no sea de una piedra porosa y que no sea totalmente nuevo. Yo he localizado que se hacen molcajetes en diversas partes del país, sin embargo, recomiendo ampliamente los que provienen de Guanajuato y del pueblo de San Miguel, municipio de San Salvador el Seco, en Puebla. En caso de que el molcajete esté totalmente nuevo, asegúrese de moler varias veces un poco de arroz para "asentar la piedra" y devastar cualquier rebaba que pudiera tener. Asimismo, muela uno que otro ingrediente y deséchelos para que el molcajete quede curado. Cuando elabore salsas es preferible moler primero el ajo, la cebolla, las especias y el chile y, hasta el final, el tomate o el jitomate, según sea el caso.

Comal En muchas recetas se menciona asar los tomates o jitomates, e incluso los chiles o ajos. El utensilio ideal para hacer esto es un comal, ya sea de metal o de barro. Si busca bien, en sus mercados regionales encontrará unos pequeños que no rebasan los 25 centímetros de diámetro, ideales para las estufas actuales. Si le resulta complicado conseguir un comal, simplemente utilice un sartén.

Recipiente para salsa Asegúrese de tener un recipiente para verter la salsa después de haberla licuado o molido en el molcajete. Esto servirá para que la lleve a la mesa o la guarde en refrigeración. Vale la pena recordar que mucha gente deja la salsa hecha en el molcajete, cosa que no está mal, sin embargo, la piedra del molcajete irá absorbiendo el líquido; por ello, es mejor transferirla a un pequeño recipiente para salsa.

Pinza para pan Una pinza para pan o similar ayuda muy bien para voltear los ingredientes que se estén asando en el comal, para no tenerlo que hacer manualmente y evitar así alguna quemadura.

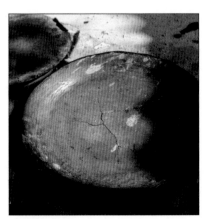

Comal de barro
Comal of clay

Recipiente para salsa
Salsa container

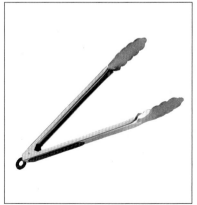

Pinza para pan
Tongs

Picos de Gallo

Picos de gallo

Picos de Gallo

Picos de gallo can be salsas, salads, or fruit or vegetable plates. The great distinguishing feature of these preparations is that the ingredients are chopped and may, in some cases, be very spicy. They are used to complement tacos, meats or other dishes and are even served as salads and/or side dishes. *Jícama* (*Pachyrhizus erosus*) has its due importance, for in picos de gallo this ingredient rivals in popularity with the *xoconostle* (sour prickly pear *Opuntia joconostle*), cucumbers or oranges. Having a neutral flavor, *jícama* combines perfectly with any of the recipes offered here, also adding a very crunchy texture to the preparation.

There are also picos de gallo in which fruits are predominant, that may well be a snack or a sweet treat, a snack while drinking tequila or beer, or a starter or salad at the beginning of a meal.

For some vegetarians or fruit and vegetable lovers, picos de gallo could even be a dessert. Though some are salty and spicy, don't consider it crazy to sprinkle a little bit of sugar on some at the last minute.

Picos de gallo that are considered salads are characterized by the mixing of many fruits, such as oranges, grapefruit, lima (*Citrus limetta*) and other products such as *jícama* or cucumber. Besides being useful as appetizers, they are a good between meals bite.

Picos de gallo that are referenced are like salsas, which can be eaten in tacos or to accompany some type of meat or such, but this does not mean that this is the only way to use them.

As an example of the practicality of picos de gallo, consider the Mango Pico de Gallo, which may be equally offered as a starter, a small salad to begin a meal, or a magnificent salsa covering a grilled or fried fish filet.

Pico de gallo salsas are found throughout Mexico, however, the states of Guanajuato and San Luis Potosí merit special mention, since as a result of this investigation, we discovered that there are many, many picos de gallo with *xoconostle,* in which very tasty seeds are also added, such as *guajes* (*Leucaena esculenta*).

I was very respectful in not adding any ingredients to these original recipes. However, there are some picos de gallo well deserving of the temptation to add to them toasted sesame seeds, toasted almonds or peanuts, or some other dried fruit, even raisins.

Contents

Picos de gallo

Los picos de gallo pueden ser salsas, ensaladas o platos de verduras o de frutas. La gran característica de estos preparados consiste en que los ingredientes están picados y que, en algunos casos, pueden ser muy picosos. Se emplean para complementar tacos, carnes u otros platillos, o incluso para servirse como ensaladas y/o guarniciones. A la jícama se le da la importancia que se merece, pues en los picos de gallo este ingrediente rivaliza en popularidad con el xoconostle, el pepino o la naranja. La jícama, por ser un ingrediente de sabor neutro, combina perfectamente con cualquiera de las recetas aquí ofrecidas, además que le da una textura muy crocante al preparado.

También se encuentran picos de gallo en los que predominan las frutas, que bien pueden ser un antojo o golosina, una botana mientras se bebe tequila o cerveza, o una entrada o ensalada al principio de la comida.

Para algunos vegetarianos o amantes de las frutas y las verduras, algunos picos de gallo incluso podrían ser hasta un postre. Aunque algunos son salados y picantes, no considere una locura espolvorearles al último momento un poco de azúcar.

Los picos de gallo que se consideran ensalada tienen la característica de mezclar muchas frutas como naranja, toronja, lima y otros productos, como jícama o pepino. Además de servir como botana, pueden hacer la función de un buen tentempié.

Se citan los picos de gallo que tienden a ser salsas y que pueden utilizarse para comerse en tacos o para acompañar alguna carne o similar, pero esto no significa que sea el único uso que puedan tener.

Para ejemplificar la practicidad de los picos de gallo puede mencionarse el pico de gallo de mango, que igual se presenta como una botana, una pequeña ensalada al inicio de la comida o una magnífica salsa que cubra un filete de pescado asado o frito.

Los picos de gallo están regados por todo el país, sin embargo, mención especial merecen los estados de Guanajuato y San Luis Potosí, que como resultado de esta investigación descubrimos que hay muchísimos picos de gallo que contienen xoconostle o joconostle, en los que también se utilizan semillas muy sabrosas como guajes.

Fui muy respetuoso en no añadir ningún ingrediente de las recetas originales, sin embargo, hay algunos picos de gallo que bien merecen la tentación de añadir ajonjolí tostado, almendras tostadas, cacahuates tostados o algún otro fruto seco, incluso hasta pasas.

Contenido

Classic Pico de Gallo
or Salsa Mexicana

This is perhaps the queen of all table salsas or picos de gallo, in view of its name, its colors, its ingredients, its popularity, and its many uses. It's also known as *salsa mexicana picada* (chopped Mexican salsa).

It's called Mexican because the ingredients included display the emblematic colors of the Mexican flag: chile, onion, and tomato, which are the green, white and red, respectively. Furthermore, it's truly a national salsa, as it's found in practically every region of Mexico. It is occasionally called *salsa pico de gallo*, because all its ingredients are chopped (*picado* in Spanish, with *pico* meaning beak and referencing pecking, gallo is rooster, hence the name). It's a salsa that can be used in almost every kind of taco, appetizer, broth, and rice dish, etcetera.

Though some cooks add lime juice to increase the acidity of the tomato, this appears to be a recent tendency; traditionalists claim isn't necessary. I prefer it without lime juice, but in point of fact I have found cultivated tomatoes so sweet that it has been necessary to add it to give the preparation a degree of acidity.

Ideally, it should be served freshly made, at room temperature because, two hours after preparation the salsa releases the natural juices produced by the mix of ingredients. As a result of this, it's not necessary to add water, and a good trick is to store the salsa in the fridge and take out half an hour before serving. If well refrigerated, it will keep up to three days, especially if you reserve the cilantro and add it just before serving.

Ingredients

- 2 (1.1 lb/500 g) ripe Roma tomatoes, cubed with seeds and skin
- ½ cup (3 oz/75 g) finely chopped white onion
- ⅓ cup (20 g) finely chopped cilantro leaves
- 1½ tablespoons (15 g) serrano chiles, seeded, deveined and finely chopped
- 1½ teaspoons (9 g) salt
- 1 tablespoon (15 ml) lime juice, optional

Procedure

1. Mix all the ingredients in a bowl. Taste and adjust the salt.
2. Serve at room temperature in a *salsera* dish.

Pico de Gallo with Xoconostle
a la Mexicana

This is a delicious way to enjoy a pico de gallo. *Xoconostles* (sour prickly pears *Opuntia joconostle*) contribute a certain amount of acidity to the preparation, so it's not necessary to add any lime juice, but perhaps a little extra salt will do.

It's prepared exactly like Classic Pico de Gallo, and only add ⅔ cups of raw or roasted *xoconostles*, well peeled, seeded and chopped into small cubes. Mix all the ingredients as in the Classic Pico de Gallo.

Note: Don't underestimate this salsa for being a derivative, because it's also very tasty.

Pico de gallo clásico

o salsa mexicana ———————————————————

Ésta es tal vez la reina de todas las salsas de mesa o de los picos de gallo, por su nombre, por sus colores, por sus ingredientes, por ser la más popular y por sus usos. También es conocida como salsa mexicana picada.

Es llamada mexicana porque los ingredientes que participan en ella tienen los colores emblemáticos de la bandera mexicana: chile, cebolla y jitomate, que son el verde, blanco y rojo, respectivamente. Además, es una salsa verdaderamente nacional, pues se encuentra en prácticamente todas las regiones de México. A veces es también llamada salsa pico de gallo, debido a que todos los ingredientes se pican. Es una salsa que se puede utilizar en casi todo tipo de tacos, antojitos, caldos, arroces, etcétera.

Aunque algunos cocineros le añaden jugo de limón para aumentar la acidez del jitomate, esto parece ser una tendencia nueva; los tradicionalistas aseveran que no es necesario. Yo la prefiero sin jugo de limón, pero ciertamente me he llegado a topar con jitomates cultivados tan dulces que es necesario añadirlo para darle cierta acidez al preparado.

Lo ideal es servirla recién hecha, a temperatura ambiente; a las dos horas, la salsa suelta un jugo natural producto de la mezcla de los ingredientes, por tanto, no es necesario agregarle agua. Un buen truco es mantenerla en el refrigerador y sacarla media hora antes. Bien refrigerada logra conservarse en buen estado hasta tres días, especialmente si se reserva el cilantro para añadirlo justo antes de servirla.

Ingredientes

- 2 (500 g) jitomates guaje maduros, picados en cubos con semillas y piel
- ½ taza (75 g) de cebolla blanca picada finamente
- ⅓ de taza (20 g) de hojas de cilantro picadas finamente
- 1½ cucharadas (15 g) de chile serrano sin semillas ni venas, picado finamente
- 1½ cucharaditas rasas (9 g) de sal
- 1 cucharada (15 ml) de jugo de limón verde, opcional

Procedimiento

1. Mezcle todos los ingredientes en un tazón. Pruebe y ajuste de sal.
2. Sirva a temperatura ambiente en una salsera.

Pico de gallo con xoconostle

a la mexicana ———————————————————

Ésta es una deliciosa forma de comer la salsa mexicana también llamada pico de gallo, a la que se le adicionan xoconostles; éstos aportan cierta acidez al preparado, por lo que no es necesario añadir jugo de limón, pero tal vez sí un poco más de sal.

Se hace exactamente igual que el pico de gallo clásico y sólo se añaden ⅔ de taza de xoconostles crudos o asados, bien pelados, sin semillas y picados en pequeños cubos. Mezcle todos los ingredientes igual que en la salsa pico de gallo clásico.

Nota: No subestime esta salsa por ser derivada, porque también es muy sabrosa.

Traditional

Salsa Ixnipek

The name of this sauce can also be found written *xnipec*, *xni'pek*, *xnipek*, *ni'peek*, *x-ni-pek*, *x-ni-pec*, among others, as it's Mayan.

Among the oldest inhabitants of Yucatan that speak the Mayan language, it's known that *ixnipec* means "dog's nose", because in certain occasions the amount of habanero chile used makes the salsa so spicy that the nose of anyone eating it begins to perspire just like a dog's nose, due to the heat of the chile. A Mayan hunter told me the real origin of the name stems from the fact that hunting dogs were given this very hot salsa to motivate them before going on a hunt.

Aficionados of Yucatecan cuisine consider this to be the reigning salsa of their cuisine. I have substantially reduced the amount of habanero to make it more agreeable, although originally, this salsa is very spicy and contains much more chile than I have called for in this recipe.

This sauce is traditional for dishes like chicken *pibil*, pork *pibil*, and *tikin-xic* fish, but it can really be used for any fish, grilled meat or appetizers like *panuchos* or *salbutes*, among other dishes.

Make sure to peel the Seville oranges before squeezing them, since the juice of the skin can make the juice bitter. These oranges produce little; it's not uncommon that one orange will only yield a little over two tablespoonsful of juice. If you do not have Seville oranges, simply use lime juice.

It should be noted that the chile may be roasted if desired; in this case I prefer it raw because all the ingredients are raw; but when the chile is roasted the salsa acquires different characteristics, among them, a slightly smoked flavor.

This sauce can be kept for up to 5 days in the refrigerator.

Ingredients

- 1 (9.6 oz/240 g) white or red onion, finely chopped
- ¼ cup (15 g) chopped cilantro, stems and leaves included
- 2 (12 g) habanero chiles, stemmed and finely chopped with seeds and veins
- 1½ teaspoons (9 g) salt, or to taste

Procedure

1. Mix all the ingredients until perfectly homogenous and allow the sauce to rest for 30 minutes before serving. It can be refrigerated, but it's preferable to serve at room temperature.

Salsa Ixnipek

with Tomato

Now, in more recent times, a small amount of chopped tomato has begun to be added to Ixnipek Salsa with onion, until it's quite similar to the Classic Pico de Gallo. The big difference is that it uses red onion and Seville orange juice, and though it includes tomato, it is not the main ingredient.

Basically, it's the same recipe as the one before, but with the addition of 1 cup (6.4 oz/160 g) tomato, cubed. Taste and adjust the salt.

Salsa ixnipek

antigua

El nombre de esta salsa también se puede encontrar escrito como *xnipec*, *xni'pek*, *xnipek*, *ni'peek*, *x-ni-pek*, *x-ni-pec*, entre otros, debido a que su origen es maya.

Entre los antiguos moradores de Yucatán que dominan la lengua maya se sabe que, literalmente, *ixnipec* significa "nariz de perro", porque en algunas ocasiones la cantidad de chile habanero hace que la salsa quede tan picosa, que a todo aquel que la come la nariz le empieza a sudar igual que la de un perro, como consecuencia del picor del chile. Un cazador maya me dijo que el verdadero origen del nombre de esta salsa proviene del hecho de que a los perros de caza se les daba esta salsa muy picosa para incentivarlos antes de salir de cacería.

Los aficionados de la cocina yucateca piensan que ésta es la salsa reina de la cocina yucateca. Yo he reducido sustancialmente la cantidad de habanero para hacerla más agradable, aunque la salsa es originalmente muy picosa y lleva más chile del que yo he puesto en esta receta.

Esta salsa es tradicional para platillos como el pollo pibil, la cochinita pibil y el pescado *tikin-xic*, pero en realidad se puede utilizar en cualquier pescado, carne asada o antojitos como panuchos o salbutes, entre otros platillos.

Procure pelar las naranjas agrias antes de exprimirlas, porque el zumo de la piel puede amargar el jugo. De ellas se obtiene muy poco; no es raro que de una naranja sólo obtenga un poco más de dos cucharadas de jugo. En caso de no tener naranja agria, ocupe simplemente jugo de limón.

Cabe mencionar que se puede asar el chile si así lo desea; en este caso, yo lo prefiero crudo, porque todos los ingredientes están crudos; pero al asar el chile la salsa adquiere características diferentes, entre ellas, un sabor ligeramente ahumado.

Esta salsa se conserva hasta 5 días en refrigeración.

Ingredientes

- 1 (240 g) cebolla blanca o morada, picada finamente
- ¼ de taza (15 g) de cilantro picado, incluyendo hojas y ramas
- 2 (12 g) chiles habaneros sin pedúnculo, picados finamente con semillas y venas
- 1½ cucharaditas rasas (9 g) de sal, o al gusto

Procedimiento

1. Mezcle todos los ingredientes y deje reposar unos 30 minutos antes de servir. Puede refrigerarse, pero es preferible que se sirva a temperatura ambiente.

Salsa ixnipek

con jitomate

Ya en tiempos más modernos se empezó a añadir un poquito de jitomate picado a la salsa *ixnipek* de cebolla, hasta llegar a parecerse bastante al pico de gallo clásico. La gran diferencia estriba en que se emplea cebolla morada y jugo de naranja agria, y aunque lleva jitomate, la base no es éste.

Básicamente es la misma receta que la salsa *ixnipek* antigua, pero se le añade 1 taza (160 gramos) de jitomate cortado en cubitos. Al final, rectifique la cantidad de sal.

Green Pico de Gallo

The original idea for this recipe comes from the state of Tamaulipas. Everything seems to indicate that it's a quite old preparation used by cooks of that region. I have called it "green" since most of its ingredients are that color. Use tomatillo, not unripe red tomatoes.

Ingredients

- 2 cups (12 oz/300 g) tomatillo, husked and cubed
- 1 tablespoon (10 g) serrano chile, seeded, deveined and finely chopped
- ¼ cup (1.4 oz/35 g) finely chopped white onion

- ½ cup (1.2 oz/30 g) finely chopped fresh cilantro leaves
- 1 tablespoon (15 ml) lime juice
- 1 teaspoon (6 g) salt

Procedure

1. Mix all the ingredients until they are perfectly incorporated. Taste and adjust for salt.
2. Serve cold or at room temperature.

Xoconostle and Guaje Seed Pico de Gallo

For many years, I asked myself how *xoconostles* (sour prickly pear) and guaje seeds were used. I'd always see them in public markets but didn't know how useful they were. People would tell me guaje seeds were eaten plain, in *guaxmole* or in salsas, but nothing else; they would tell me *xoconostles* are used for *mole de olla* (a type of soup, not saucy mole). But little by little, I discovered that there were home recipes that people in the central region of the country have for those ingredients, hence their abundance in the markets.

I found it difficult to imagine that people only removed the guaje seeds from their pods to just eat them, but here they are an essential component that gives an exquisite touch to the following recipe. For the *xoconostles*, I discovered, there are many more recipes than just *mole de olla*, some of which were selected for this book.

Cándido Martínez Gómez gave me this pico de gallo recipe. His father created the recipe with all the natural products available in the Xochimilco area of Mexico City, where they both reside. They serve it on pieces of *chicharrón* (crisp fried pork rinds), as a snack. It's prepared at the moment, when a friend or a guest comes over for a drink or on days when a lot of men gather to watch soccer on TV. Stationery stores sell blades that architecture students often use called utility knives. These knives are ideal for cutting *chicharrón* into almost any shape. This pico de gallo can also be served with small corn tostadas or *totopitos* (corn tortilla chips).

Ingredients

- 4 (6.4 oz/160 g) large *xoconostles* (sour prickly pears) peeled, seeded, and cut into small cubes
- 1½ cups (1.06 lb/480 g) tomatillos, husked and cut into small cubes
- 1 tablespoon (10 g) serrano chile, seeded, deveined and finely chopped
- ¼ cup (15 g) finely chopped fresh cilantro leaves

- ¼ cup (1.4 oz/35 g) finely chopped stemmed *cambray* (or small spring) onions
- 1½ tablespoons (1.2 oz/30 g) guaje seeds
- ¾ teaspoon (4.5 g) salt
- 5 oz/125 g *chicharrón de papel* ("paper-thin" crisp fried pork rinds)

Procedure

1. Mix all the ingredients in a large bowl, except the *chicharrón*. Taste and adjust salt.
2. Separately, use a utility knife to cut the *chicharrón* into squares, about 1-7/8 inch in per side. To serve, place a spoonful of the pico de gallo mixture on each *chicharrón* square and serve on a large platter.
3. Eat right away to keep the *chicharrón* from softening.

Pico de gallo verde

La idea original de esta receta proviene del estado de Tamaulipas. Todo parece indicar que es un preparado bastante antiguo que utilizan las oriundas de ese lugar. Lo he llamado "verde" debido a que la gran mayoría de sus ingredientes son de este color. Utilice tomate verde de cáscara, no se trata del jitomate rojo inmaduro.

Ingredientes

- 2 tazas (300 g) de tomate verde sin cáscara cortado, en cubos
- 1 cucharada (10 g) de chile serrano, sin semillas ni venas, picado finamente
- ¼ de taza (35 g) de cebolla blanca picada finamente

- ½ taza (30 g) de hojas de cilantro frescas picadas finamente
- 1 cucharada (15 ml) de jugo de limón
- 1 cucharadita rasa (6 g) de sal

Procedimiento

1. Mezcle todos los ingredientes hasta que queden perfectamente incorporados. Pruebe y ajuste de sal.
2. Sirva frío o a temperatura ambiente.

Pico de gallo de xoconostle y guajes

Durante muchos años me había preguntado en qué se ocupaban los xoconostles y los guajes; siempre los veía en los mercados populares y desconocía cuánta utilidad tienen. La gente casi siempre me decía que los guajes se comían solos, en guaxmole o en salsas, pero nada más; de los xoconostles, la respuesta común era "para el mole de olla". Pero poco a poco fui descubriendo que existen recetas caseras que la gente del centro del país tiene de esos alimentos; de ahí su abundancia en los mercados.

Con los guajes me era difícil entender que la gente sólo los desvainaba y los comía, pero en esta receta son una parte esencial que le da un toque exquisito al preparado. De los xoconostles he descubierto que hay muchísimas más recetas que la del mole de olla; en este libro he seleccionado varias.

Este pico de gallo me lo proporcionó Cándido Martínez Gómez; su papá fue quien hizo la receta con todos los productos naturales que se pueden conseguir en el área de Xochimilco, en la Ciudad de México, donde ellos viven. Lo sirven sobre pedazos de chicharrón como botana. Es una de esas preparaciones que se hacen al momento, cuando llega un amigo o invitado a tomar la copa o en los días de futbol en que muchos señores se citan para verlo por televisión. En las papelerías venden unas navajas que los estudiantes de arquitectura utilizan mucho, a las cuales llaman "exacto" o "cúter". Estas navajas son ideales para cortar el chicharrón, pues prácticamente se puede lograr cualquier forma. También se puede acompañar este pico de gallo con tostaditas de maíz o totopitos.

Ingredientes

- 4 (160 g) xoconostles grandes pelados, sin semillas y picados en cubos chicos
- 1½ tazas (480 g) de tomate verde sin cáscara, cortado en cubos chicos
- 1 cucharada (10 g) de chile serrano, sin semillas ni venas, picado finamente

- ¼ de taza (15 g) de hojas de cilantro fresco picado
- ¼ de taza (35 g) de cebollas cambray sin rabo, picadas finamente
- 1½ cucharadas (30 g) de semillas de guajes
- ¾ de cucharadita rasa (4.5 g) de sal
- 125 g de chicharrón delgado o "de papel"

Procedimiento

1. En un tazón grande mezcle todos los ingredientes, excepto el chicharrón. Pruebe y ajuste de sal si es necesario.
2. Por separado, con un cúter (o exacto) corte cuadros de chicharrón de unos 5 centímetros por lado. Al momento de servir, ponga una cucharada de la mezcla del pico de gallo sobre cada cuadro de chicharrón y sirva en un platón grande.
3. Coma inmediatamente para evitar que el chicharrón se ablande.

Pico de Gallo de San Luis Potosí
Pico de Gallo from San Luis Potosí

Pico de gallo yucateco con repollo
Yucatecan Pico de Gallo with Cabbage

Pico de gallo verde
Green Pico de Gallo

Pico de Gallo Clásico o salsa Mexicana
Classic Pico de Gallo or Salsa Mexicana

Salsa ixnipek antigua
Traditional Salsa Ixnipek

Pico de gallo de xoconostle y guajes
Xoconostle and Guaje Seed Pico de Gallo

Pico de Gallo – Cooked

In general, picos de gallo are fresh and raw preparations, but in Guanajuato there are so many varieties of picos de gallo that it shouldn't be a surprise that there are recipes like this one, in which the ingredients are cooked and served hot.

Ingredients

- 3 (14.4 oz/360 g) ripe Roma tomatoes, sliced
- 1 tablespoon (8 g) finely chopped, peeled garlic
- 3 fresh (8 g) or dried (3 g) árbol chiles roasted, stemmed, seeded and deveined
- ½ cup (3 oz/75 g) finely chopped white onion
- 5 (8 oz/200 g) *xoconostles* (sour prickly pears) roasted, peeled, seeded and chopped into ¾ inch cubes
- 6 (9.6 oz/240 g) tomatillos, husked and cut into ¾ inch cubes
- 1 (8 oz/200 g) medium size potato, cooked, peeled and cut into approximately ¾ inch cubes
- 3 teaspoons (18 g) salt
- ½ (8 oz/200 g) white cabbage, chopped

Procedure

1. Blend the tomatoes, the garlic and one of the chiles until you have a very smooth sauce that doesn't require straining.
2. Cook the salsa; when it comes to a boil, add the other 2 chiles, the onion, *xoconostles*, tomatillos, potato and salt. Lower the flame and cook for 20 minutes, stirring occasionally.
3. Add the cabbage, mix well and cook for 3 more minutes. Taste, adjust for salt and remove from heat. Serve hot on corn tostadas.

Pico de Gallo

Guanajuato Style

This recipe is not the only one from this state; I have only respected the original name with which it was given to me. Like all picos de gallo, it can be eaten by itself or with corn tortillas, but this particular one is also good company for beans, pieces of *chicharrón*, *chorizo* or scrambled eggs.

Ingredients

- 2 (20 g) guajillo chiles stemmed, seeded and deveined
- 1 cup (8.1 fl oz/240 ml) boiling water
- 7 (16 oz/400 g) tomatillos, husked and quartered
- 1 teaspoon (4 g) peeled, finely chopped garlic
- 1 teaspoon (6 g) salt
- 1 tablespoon (15 ml) oil
- ½ cup (3 oz/75 g) finely chopped white onion
- 4 (6.4 oz/160 g) large *xoconostles* (sour prickly pear), roasted, peeled, seeded and cut into small cubes
- 1 tablespoon (6 g) finely chopped fresh cilantro leaves

Procedure

1. Break up the chiles by hand and soak them in the boiling water for 25 minutes. Blend the chiles with the water they soaked in with the tomatoes, garlic and a little salt until you have a salsa that doesn't require straining.
2. Heat the oil in a frying pan, and fry the onion until light- golden. Pour in the chile salsa and let boil. Add the *xoconostles*, lower the flame and cook for 20 minutes.
3. Remove from the heat, incorporate the cilantro, mix, taste and adjust for salt.
4. Serve hot or at room temperature.

Pico de gallo caliente

Generalmente, los picos de gallo son preparaciones frescas y crudas, pero en Guanajuato existen tantos picos de gallo con xoconostle que no debe extrañar que también se acostumbre alguna receta como ésta, en que los ingredientes están cocidos y que todo se sirve caliente.

Ingredientes

- 3 (360 g) jitomates guaje maduros, troceados
- 1 cucharada (8 g) de ajo pelado, picado finamente
- 3 chiles de árbol frescos (8 g) o secos (3 g) asados, sin pedúnculo, semillas ni venas
- ½ taza (75 g) de cebolla blanca, picada finamente
- 5 (200 g) xoconostles asados, pelados, sin semillas y cortados en cubos de 2 cm
- 6 (240 g) tomates verdes sin cáscara, cortados en cubos de 2 cm
- 1 (200 g) papa mediana pelada, cocida y cortada en cubos de 2 cm aprox.
- 3 cucharaditas rasas (18 g) de sal
- ½ (200 g) col blanca picada

Procedimiento

1. Licúe los jitomates, el ajo y 1 de los chiles hasta obtener una salsa muy tersa que no sea necesario colar.
2. Ponga sobre el fuego la salsa. Cuando hierva, añada los otros 2 chiles, la cebolla, los xoconostles, los tomates, la papa y la sal. Baje el fuego y deje cocer por 20 minutos, moviendo de vez en cuando.
3. Añada la col, mezcle bien y continúe la cocción por 3 minutos más. Pruebe, ajuste de sal y retire del fuego. Sirva caliente sobre tostadas de maíz.

Pico de gallo
de Guanajuato ——————————

Esta receta no es la única que proviene de dicho estado, yo solamente he respetado el nombre original que me fue dado. Como todos los picos de gallo, se puede comer solo o con tortillas de maíz, pero éste es un buen acompañante de frijoles, trozos de chicharrón, chorizo o huevos revueltos.

Ingredientes

- 2 (20 g) chiles guajillo sin pedúnculo, semillas ni venas
- 1 taza (240 ml) de agua hirviendo
- 7 (400 g) tomates verdes, sin cáscara, cortados en cuatro partes
- 1 cucharadita (4 g) de ajo pelado y picado finamente
- 1 cucharadita rasa (6 g) de sal
- 1 cucharada (15 ml) de aceite
- ½ taza (75 g) de cebolla blanca, picada finamente
- 4 (160 g) xoconostles grandes asados, pelados, sin semillas y cortados en cubos chicos
- 1 cucharada (6 g) de hojas de cilantro fresco, picadas finamente

Procedimiento

1. Rompa los chiles con las manos y remójelos en el agua hirviendo por 25 minutos. Licúe los chiles con el agua de remojo, los tomates, el ajo y un poco de sal hasta obtener una salsa que no sea necesario colar.
2. Ponga sobre el fuego un sartén con el aceite y fría la cebolla hasta que esté ligeramente dorada. Vierta la salsa de chile y deje que hierva. Incorpore los xoconostles, baje el fuego y cueza por 20 minutos.
3. Retire del fuego, incorpore el cilantro, mezcle, pruebe y ajuste de sal.
4. Sirva caliente o a temperatura ambiente.

Pico de Gallo

with Cooked Xoconostle

In the state of Guanajuato the use of xoconostle (sour prickly pear) in varied dishes is notable: in many home cookbooks and in popular cuisine many picos de gallo with *xoconostle* are featured; raw preparations mainly, but there are also some like this one. One of the foremost reasons for cooking the *xoconostle* is that it thus loses some of its natural acidity.

Ingredients

- 2 tablespoons (1 fl oz/30 ml) oil
- 6 (9.6 oz/240 g) large *xoconostles* (sour prickly pear), roasted, peeled, seeded and cut into small cubes small cubes
- 1 cup (6.4 oz/160 g) chopped, ripe Roma tomatoes
- ¼ cup (1.4 oz/35 g) finely chopped white onion
- 1 teaspoon (4 g) peeled and finely chopped garlic
- 1 tablespoon (10 g) serrano chile seeded, deveined and finely chopped
- ¼ cup (15 g) finely chopped fresh cilantro leaves
- 2 teaspoons (12 g) salt

Procedure

1. Heat the oil in a small saucepan. Add all the ingredients, except the cilantro, cover and fry for 15 minutes, stirring occasionally or until everything is well cooked. Remove from the heat and empty into a bowl. Add the cilantro, mix and adjust for salt.

2. Serve in a salsera dish, either hot or at room temperature.

Pico de Gallo

with Xoconostle and Jicama

Some picos de gallo may be considered salads; perhaps the term salad is applicable when various ingredients are included that make the diner think of a fruit salad. In this same book you will find several picos de gallo that can also be considered salads.

Though *limas* (*Citrus limetta*) are not found all year round nor are they available in all regions of Mexico, do try to use them if available, otherwise grapefruit can be used in their place.

Ingredients

- 2 cups (9.6 oz/240 g) peeled *jícama*, cut into 5/8 inch cubes
- 2 cups (12.8 oz/320 g) peeled, seeded cucumber, cut into approximately ¼ inch cubes
- 1 (6 oz/150 g) large orange, peeled and cut into approximately 1¼ inch cubes
- 2 (8 oz/200 g) large *limas* (*Citrus limetta*), peeled and cut in cubes
- 1 (1.6 oz/40 g) *xoconostle* (sour prickly pear), peeled, seeded and cut into small cubes
- ¼ cup (2 fl oz/60 ml) lime juice
- 1 teaspoon (2 g) ground piquín chile
- 1 teaspoon (6 g) salt

Procedure

1. Put all the ingredients in a bowl and mix until well incorporated. Taste and adjust for salt.

2. Serve cold or at room temperature, as a starter, snack, salad or side dish.

Pico de gallo
de xoconostle cocido

En el estado de Guanajuato es sobresaliente la utilización del xoconostle en diversos guisos; en varios recetarios caseros y en la comida popular existen también diferentes tipos de picos de gallo con xoconostle; la gran mayoría son preparaciones crudas, pero también existen algunos como éste. Una de las grandes razones de cocer el xoconostle es que éste pierda algo de su acidez natural.

Ingredientes

- 2 cucharadas (30 ml) de aceite
- 6 (240 g) xoconostles grandes pelados, sin semillas y cortados en cubos chicos
- 1 taza (160 g) de jitomate guaje maduro, picado
- ¼ de taza (35 g) de cebolla blanca, picada finamente
- 1 cucharadita (4 g) de ajo grande, pelado y picado finamente
- 1 cucharada (10 g) de chile serrano sin semillas ni venas, picado finamente
- ¼ de taza (15 g) de hojas de cilantro fresco, picado finamente
- 2 cucharaditas rasas (12 g) de sal

Procedimiento

1. Caliente el aceite en una olla pequeña y añada todos los ingredientes, excepto el cilantro; tape y fría por 15 minutos moviendo de vez en cuando o hasta que todo esté bien cocido. Retire del fuego y vacíe en un tazón. Añada el cilantro, mezcle y ajuste de sal.
2. Sirva en una salsera, caliente o a temperatura ambiente.

Pico de gallo
de xoconostle y jícama

Hay picos de gallo que se pueden considerar ensaladas; tal vez se aplica el nombre de ensalada cuando en la receta hay varios ingredientes que hacen pensar a los comensales que se trata de una ensalada de frutas. En este mismo libro encontrará varios picos de gallo que pueden considerarse también ensaladas.

Aunque las limas no se encuentran todo el año y tampoco se consiguen en todas las regiones del país, vale la pena utilizarlas cuando se tengan a la mano, o en su defecto puede usar toronjas.

Ingredientes

- 2 tazas (240 g) de jícama pelada y cortada en cubos de 1 cm
- 2 tazas (320 g) de pepino pelado, sin semillas y cortado en cubos de 1 cm aprox.
- 1 (150 g) naranja grande pelada y cortada en cubos de 3 cm aprox.
- 2 (200 g) limas grandes, peladas y cortadas en cubos
- 1 (40 g) xoconostle pelado, sin semillas y cortado en cubos chicos
- ¼ de taza (60 ml) de jugo de limón
- 1 cucharadita rasa (2 g) de chile piquín molido
- 1 cucharadita rasa (6 g) de sal

Procedimiento

1. Coloque todos los ingredientes en un tazón y mezcle hasta incorporar bien. Pruebe y ajuste de sal.
2. Sirva frío o a temperatura ambiente como entrada, botana, ensalada o guarnición.

Pico de Gallo
with Habanero Chile ———————————————

We could have christened this pico de gallo "Yucatecan Pico de Gallo". But really, the name of this recipe is arbitrary because people in Yucatán don't recognize it as theirs; but preparations similar to this one appear in bars, street food stands or at parties where Yucatecan food is served. *Cebollina* (*Allium glandulosum*) is a distinctive product of the Yucatán region. It can be substitute with *cambray* onions or small spring onions.

It's worth trying on corn masa snacks (*antojitos*), other starters or dishes and, particularly tasty if you cook some brothy black beans (or any type of bean), or the famous beans with pork from that region. A heaping tablespoon of this salsa adds a very good acidity and spicy heat to the dish. Remember that Seville orange can be substituted by lime juice.

Yucatecan oregano is a big black leaf and is very aromatic; if not available, use a double amount of any oregano.

Ingredients

- 1 cup (2.4 oz/60 g) radishes cut into 1/8 inch cubes
- 2 (12 g) habanero chiles roasted, stemmed, seeded, deveined and finely chopped
- ¼ cup (2 oz/50 g) minced *cebollina* (*Allium glandulosum*); chives may be substituted

- ¼ cup (2 fl oz/60 ml) Seville orange juice
- ¼ teaspoon (0.25 g) dried oregano, preferably Yucatecan (or ½ teaspoon other oregano)
- 2 tablespoons (12 g) finely chopped fresh cilantro
- 1½ teaspoons (9 g) salt

Procedure

1. Mix all the ingredients in a bowl until they are perfectly incorporated. Taste and adjust for salt.
2. Serve cold or at room temperature.

Yucatecan Pico de Gallo
with Cabbage ———————————————

There are so many varieties of this kind of Yucatecan pico de gallo that the habanero chiles may be raw or roasted. Some people prefer to use completely green chiles, and others, very ripe ones, when their color is solid yellow or orange.

This salsa keeps for to 2 or 3 days in the refrigerator; you will only notice that as time passes the ingredients will release their juices, so they should be mixed to optimize their taste when serving. This recipe has many uses, but we especially recommend it for suckling pig tacos and, why not, for *cochinita pibil*. But do not limit yourself, since any grilled meat taco or any snack can be enhanced with this pico de gallo.

Yucatecan oregano is a big black leaf and it's very aromatic; if not available, use a double amount of any oregano.

Ingredients

- 3 tablespoons (1 fl oz/30 ml) Seville orange juice or lime juice
- 1 (6 g) habanero chile stemmed, seeded, deveined and finely chopped
- ½ cup (3 oz/75 g) minced red onion
- 2 cups (5.6 oz/140 g) chopped white cabbage

- 1 cup (2.4 oz/60 g) radishes, cut into approximately ⅛ inch cubes
- ½ teaspoon (0.5 g) dried oregano, preferably Yucatecan (or 1 teaspoon other oregano)
- 2 teaspoons (12 g) salt

Procedure

1. Mix all the ingredients in a bowl until well incorporated. Taste and adjust for salt.
2. Serve cold or at room temperature.

Pico de gallo

con chile habanero ———————————————————

A este pico de gallo se le pudo haber bautizado como "pico de gallo yucateco". En realidad, el nombre de esta receta es arbitrario porque la gente en Yucatán no la reconoce como tal, pero preparados parecidos a éste aparecen en las cantinas, puestos de antojitos o en las fiestas donde hay comida yucateca. La cebollina es un producto distintivo de la región yucateca. Se puede sustituir con la cebolla cambray.

Vale la pena ponerlo sobre antojitos o cualquier platillo y, en particular, si se hace un caldo de frijol negro (o cualquier tipo de frijol), o el famoso frijol con puerco de esa región. Una cucharada colmada de este preparado le da una muy buena acidez y picor al platillo. Recuerde que la naranja agria puede sustituirse por jugo de limón.

Ingredientes

- 1 taza (60 g) de rábanos cortados en cubos de ½ cm
- 2 (12 g) chiles habaneros asados, sin pedúnculo, semillas ni venas, picados finamente
- ¼ de taza (50 g) de cebollina (*Allium glandulosum*) picada finamente
- ¼ de taza (60 ml) de jugo de naranja agria
- ¼ de cucharadita (0.25 g) de orégano seco, yucateco de preferencia
- 2 cucharadas (12 g) de hojas de cilantro fresco, picado finamente
- 1½ cucharaditas rasas (9 g) de sal

Procedimiento

1. Mezcle todos los ingredientes hasta que queden perfectamente incorporados. Pruebe y ajuste de sal.
2. Sirva frío o a temperatura ambiente.

Pico de gallo yucateco

con repollo ———————————————————

En los estados del sureste el repollo es la misma hortaliza que en el centro del país se conoce como col.

Existen tantas variedades de este estilo de pico de gallo yucateco que los chiles habaneros pueden estar crudos o asados. Algunas personas prefieren utilizar el chile totalmente verde, y otras, muy maduro, cuando está bien amarillo o naranja.

Esta salsa se conserva por 2 o 3 días en refrigeración; sólo notará que conforme pasa el tiempo los ingredientes soltarán su jugo, mismos que hay que mezclar para mejorar su sabor en el momento de servir. Puede utilizarse en muchas cosas, pero se recomienda sobre todo en los tacos de lechón y, porque no, en la cochinita. Pero no se limite, porque cualquier taco de carne asada o cualquier antojito puede ser favorecido por este pico de gallo.

El orégano yucateco es una hoja negra grande y es muy aromático; en caso de no tenerlo, utilice doble cantidad de cualquier orégano.

Ingredientes

- 3 cucharadas (30 ml) de jugo de naranja agria o jugo de limón
- 1 (6 g) chile habanero sin pedúnculo, semillas ni venas, picado finamente
- ½ taza (75 g) de cebolla morada, picada finamente
- 2 tazas (140 g) de col blanca picada
- 1 taza (60 g) de rábanos cortados en cubos de ½ cm aprox.
- ½ cucharadita (0.5 g) de orégano yucateco molido
- 2 cucharaditas rasas (12 g) de sal

Procedimiento

1. En un tazón mezcle todos los ingredientes hasta que estén bien incorporados. Pruebe y ajuste de sal.
2. Sirva frío o a temperatura ambiente.

Pico de Gallo
from Jalisco

Sometimes the relationship that exists between gastronomy, music and folklore is intrinsic. We Mexicans assume that the state of Jalisco is the land of mariachis, fairs, *charros* (Mexican horsemen), and we also associate it with cockfights; in some way, then, it becomes implicit that there must be several types of picos de gallo, which coincidentally, coincides with the results of this research throughout the entire country. The use of cantaloupe is remarkable since it confers a spectacular touch to this preparation that might as well be considered a fruit salad. I often omit the cucumber, and you can also add twice the amount of melon.

Fruits are suggested in strips, but they can also be cut in cubes.

Ingredients

- 1.1 lb/500 g peeled *jícama*, cut into strips, approximately ¼ × 2 inches each
- 2 (12 oz/300 g) peeled cucumbers, seeded, cut into strips, approximately ¼ × 2 inches each
- 1 (14 oz/350 g) small cantaloupe cut into strips, approximately ¼ × 2 inches each

- ¼ cup (2 fl oz/60 ml) lime juice
- 2 (20 g) serrano chiles, stemmed, seeded, deveined and cut into thin strips
- ½ teaspoon (3 g) salt
- 1 teaspoon (2 g) ground piquín chile

Procedure

1. Put all the ingredients in a bowl except the piquín chile. Mix, taste and adjust for salt.
2. Serve the pico de gallo cold or at room temperature on a platter and sprinkle with piquín chile.

Pico de Gallo
from San Luis Potosí

This recipe from Río Verde, San Luis Potosí, is a case in point that picos de gallo are not only snacks or appetizers. Depending on the ingredient, a pico de gallo can transform into an entrée, as in this case, where it's eaten in taco form.

According to the person who gave me this recipe, the tomatillos must be very yellow, that is, very ripe, because they truly change the flavor; the pico de gallo is no longer acidic and becomes slightly sweet.

Ingredients

- 8 (10 oz/250 g) yellow tomatillos, (very ripe ones) husked and cut into approximately ¼ inch cubes (250 g)
- 1 (4 g) dried árbol chile, stemmed, seeded, deveined and finely chopped

- 1 cup (6 oz/150 g) finely chopped white onion
- 1 teaspoon (6 g) salt
- 4 oz/100 g of pork *carnitas* (shoulder cut), shredded or chopped
- 1 teaspoon (1 g) dried oregano

Procedure

1. Mix all the ingredients in a large bowl until incorporated. Taste and adjust for salt.
2. Serve at room temperature in a salad bowl and eat in tacos, using corn tortillas.

Pico de gallo
de Jalisco

A veces la relación que hay entre la gastronomía, la música y el folclor es intrínseca. Los mexicanos asumimos que Jalisco es la tierra del mariachi, la feria, los charros, y también lo relacionamos con las peleas de gallos; de alguna manera queda implícito que deben existir varios picos de gallo, lo que casualmente coincide con el resultado de esta investigación por todo el país. Es remarcable la utilización del melón chino o rosa que le da un toque espectacular al preparado, que se puede considerar más bien una ensalada de frutas. Muchas veces omito el pepino y se puede poner el doble de melón.

Aunque las frutas se sugieren en tiras, también pueden quedar en cubos.

Ingredientes

- 500 g de jícama pelada cortada en tiras de 1 × 5 cm aprox.
- 2 (300 g) pepinos pelados, sin semillas, cortados en tiras de 1 × 5 cm aprox.
- 1 (350 g) melón chino chico, cortado en tiras de 1 × 5 cm aprox.
- ¼ de taza (60 ml) de jugo de limón

- 2 (20 g) chiles serranos sin pedúnculo, semillas ni venas, cortados en tiras delgadas
- ½ cucharadita rasa (3 g) de sal
- 1 cucharadita rasa (2 g) de chile piquín molido

Procedimiento

1. Coloque todos los ingredientes, excepto el chile piquín, en un tazón. Mezcle, pruebe y ajuste de sal.
2. Sirva el pico de gallo, frío o a temperatura ambiente, en un platón. Adorne con el chile piquín espolvoreado.

Pico de gallo
de San Luis Potosí

Esta receta que proviene de Río Verde, San Luis Potosí, es un buen ejemplo de que los picos de gallo no sólo pueden ser botana o entrada. Según el ingrediente, se pueden transformar en plato fuerte, como en este caso, en el que se come en tacos.

De acuerdo con el informante de esta receta, los tomates verdes deben estar muy amarillos, es decir, bien maduros, porque verdaderamente cambian el sabor; el pico de gallo deja de ser acidito y se convierte ligeramente en dulzón.

Ingredientes

- 8 (250 g) tomates verdes, amarillos (es decir, bien maduros), sin cáscara, cortados en cubos de 1 cm aprox.
- 1 (4 g) chile de árbol seco sin pedúnculo, semillas ni venas, picado finamente

- 1 taza (150 g) de cebolla blanca picada finamente
- 1 cucharadita rasa (6 g) de sal
- 100 g de carnitas de cerdo (maciza), desmenuzada o picada
- 1 cucharadita rasa (1 g) de orégano seco

Procedimiento

1. Mezcle todos los ingredientes en un tazón amplio hasta que se incorporen. Pruebe y ajuste de sal.
2. Sirva en una ensaladera a temperatura ambiente y cómalo en tacos de tortilla de maíz.

Pico de gallo de mango a la mexicana
Pico de Gallo with Mango a la Mexicana

Pico de gallo con chile habanero
Pico de Gallo with Habanero Chile

Pico de gallo de naranja con aguacate
Pico de Gallo with Orange and Avocado

Ensalada de pico de gallo
Pico de Gallo Salad

Pico de gallo de xoconostle y jícama
Pico de Gallo with Xoconostle and Jícama

Pico de gallo de Guanajuato
Pico de Gallo Guanajuato Style

Pico de Gallo with Grapefruit or Orange

I have been in regions of Mexico such as Tabasco and Chiapas, where there are family orchards with grapefruit and pomelo trees that sometimes produce so much fruit, the branches break off; the grapefruit are made into refreshing drinks, salads and of course, picos de gallo, where they substitute or are even mixed in with oranges. The most common variety of grapefruit is called *blanca*, "white". There is also a grapefruit whose pulp is pink, but during the months of July to September, in the public markets of Mexico City a visually captivating variety of grapefruit arrives that is very red, called "*doble roja*" or *sangría*. With this variety a very colorful pico de gallo can be made. It's worth noting that this is a very refreshing pico de gallo that pertains more to fruit salad territory.

Ingredients

- 1 (1.2 oz/30 g) jalapeño chile stemmed, seeded and deveined
- 4 (4.4 lb/2 kg) peeled grapefruit
- 1 tablespoon (15 ml) lime juice
- 10 oz/250 g peeled *jícama*, cut into approximately ¼ × 2 inch strips
- ½ teaspoon (3 g) salt

Procedure

1. Slice the jalapeño lengthwise to obtain small strips as thin as possible, almost like translucent sheets. Cut the grapefruit in chunks approximately 1½ inches per side and remove the seeds.
2. Mix all the ingredients in a bowl; taste and adjust for salt.
3. Serve cold or at room temperature.

Pico de Gallo

with Orange and Avocado

This is a very refreshing pico de gallo, ideal for hot days, for eating as a snack or when drinking beer or tequila. It's a fantastic appetizer that is a crowd-pleaser.

This recipe was given to me by Cándido Martínez Gómez, who lives in Xochimilco, in Mexico City, and who tells me that recipes like this one, with more or fewer ingredients, are common in his family, that enjoy it as if it were a sweet treat because this pico de gallo is so tasty. It looks a bit mushy, but this constitutes its great flavor. This is one of my very favorites.

Ingredients

- 1 (8 oz/200 g) Hass avocado, peeled, pitted and pureed
  + 1 (10 oz/200 g) Hass avocado, peeled, pitted and cubed, reserved for garnish
- 1 teaspoon (6 g) salt
- ½ teaspoon (7 ml) lime juice
- ½ cup (3.2 oz/70 g) peeled, seeded cucumber, cut into half moons
- 1 teaspoon (3 g) serrano chile seeded, deveined and finely chopped
- 4 (2.2. lb/1 kg) peeled, seeded oranges, cut into approximately ¼ inch cubes
- ½ cup (3.4 oz/85 g) peeled *jícama* cut into approximately ¼ inch cubes

Procedure

1. Mix the avocado puree con with the salt and lime juice.
2. Place the rest of the ingredients in a bowl, except the avocado cubes.
3. Add the avocado puree to the the fruit mixture and mix gently to incorporate all the ingredients; taste and adjust for salt.
4. Serve in a bowl decorated with the avocado cubes.

Pico de gallo de toronja o naranja

He estado en regiones de México como Tabasco y Chiapas donde existen huertos familiares con árboles de toronja, pomela o pomelo, que a veces producen tanto fruto que las ramas se desgajan; con las toronjas se hacen aguas frescas, ensaladas y, por supuesto, picos de gallo, donde sustituyen a la naranja o se mezclan con ella. La variedad de toronja más común es la llamada "blanca". También existe una toronja cuya pulpa es rosa, pero en los meses de julio a septiembre, a los mercados populares de la Ciudad de México llega una variedad de toronja muy roja, llamada "doble roja" o "sangría", que cautiva la vista al pasar; con ella se hace un pico de gallo muy lucidor. Vale la pena decir que éste es un pico de gallo muy refrescante que cae más en el terreno de una ensalada de frutas.

Ingredientes

- 1 (30 g) chile jalapeño sin pedúnculo, semillas ni venas
- 4 (2 kg) toronjas peladas
- 1 cucharada (15 ml) de jugo de limón
- 250 gramos de jícama pelada, cortada en tiras de 1 × 5 cm aprox.
- ½ cucharadita rasa (3 g) de sal

Procedimiento

1. Rebane el chile jalapeño a lo largo para obtener tiras pequeñas, lo más delgadas posibles, casi como láminas traslúcidas. Corte la toronja en trozos de 4 centímetros por lado aproximadamente y retire las semillas.
2. Mezcle todos los ingredientes, pruebe y ajuste de sal.
3. Sirva frío o a temperatura ambiente.

Pico de gallo
de naranja con aguacate

Este pico de gallo es muy refrescante, ideal para los días de calor, para comer como antojo o cuando se bebe cerveza o tequila. Es una fantástica botana que deja complacido a todo el mundo.

Esta receta me la proporcionó Cándido Martínez Gómez, que vive en Xochimilco, en la Ciudad de México, quien me cuenta que recetas como ésta, con más o menos ingredientes, abundan en su familia y que la come como si fuera golosina, por lo sabrosa que es. Vale decir que la apariencia es un poco batida, pero en eso consiste el gran sabor; es de mis grandes favoritas.

Ingredientes

- 1 (200 g) aguacate Hass pelado, sin semilla y hecho puré + 1 (200 g) pelado, sin semilla y cortado en cubos
- 1 cucharadita rasa (6 g) de sal
- ½ cucharadita (7 ml) de jugo de limón
- ½ taza (70 g) de pepino pelado, sin semillas y rebanado en medias lunas
- 1 cucharadita (3 g) de chile serrano sin semillas ni venas, picado finamente
- 4 (1 kg) naranjas peladas, sin semillas y cortadas en cubos de 1 cm aprox.
- ½ taza (85 g) de jícama cortada en cubos de 1 cm aprox.

Procedimiento

1. Mezcle el aguacate hecho puré con la sal y el jugo de limón.
2. Coloque el resto de los ingredientes en un tazón, excepto los cubos de aguacate.
3. Vierta el puré de aguacate sobre la mezcla de frutas y revuelva suavemente para que todos los ingredientes se incorporen; pruebe y ajuste de sal.
4. Sirva en un tazón adornado con los cubos de aguacate.

Pico de Gallo with Mango

a la Mexicana

Leonora Joy Adapón, born in the Philippines, studied anthropology in London, England, and came to Mexico in 1995 to carry out research on Mexican chiles; she was so fascinated with the variety of chiles and mangoes that it was she who taught me to make this pico de gallo with mango. The great secret of this recipe is to use the so-called "fish sauce", a very salty sauce with a strong fish flavor, that must be used sparingly. Several Asian countries produce it, such as the Philippines and Thailand.

It's frankly spectacular for eating on simple tostadas and, above all, for dressing a grilled fish filet or some tender cut of pork.

Note that the recipe does not include salt, since the fish sauce is salty. If you don't have fish sauce on hand when making this preparation, simply add two teaspoons of salt.

Ingredients

- 1 (6 oz/150 g) ripe beef tomato, chopped with seeds and skin
- 2 tablespoons (1.2 oz/30 g) finely chopped white onion
- ¼ cup (15 g) finely chopped fresh cilantro leaves
- 1 tablespoon (10 g) green serrano chile seeded, deveined and finely chopped

- 2 (1.1 lb/500 g) Manila mangoes, peeled, pitted and cut into approximately ¾ inch cubes
- 2 tablespoons (1. fl oz/30 ml) fish sauce or 2 teaspoons (12 g) salt

Procedure

1. Put all the ingredients in a bowl, and mix until well incorporated.
2. Taste and adjust seasoning with either more fish sauce or more salt, if needed. The final flavor must be a mixture of sweet and salty.
3. Serve cold, cool or at room temperature.

Pico de Gallo

with Pineapple

This is a very simple pico de gallo but it makes a very delicious, spicy salsa for all kinds of grilled meats and tacos. I learned how to make this one in the taco stands on the streets of Lorenzo Boturini Avenue in Mexico City. An especially delicious one is prepared at El Pastorcito, belonging to Mr. Raymundo, (better known as "Don Ray"). Look for it as "Los originales de Don Ray" at Lázaro Pavia 224, Colonia Jardines de Balbuena, Mexico City.

You'll be surprised at how simple yet exquisite this recipe is.

Ingredients

- 3 cups (1 lb/450 g) peeled, cored pineapple, cut into small cubes
- ½ (1 oz/25 g) manzano chile, stemmed and finely chopped with seeds and veins

- ½ cup (1.2 oz/30 g) finely chopped cilantro leaves, stems and all
- 1 tablespoon (18 g) salt, or to taste

Procedure

1. Mix all the ingredients in a bowl and let marinate.

Note: This recipe can be surprising, because if the pineapple is sweet it will be very tasty, however, if the pineapple is very acidic, it also turns out to be delicious but with a slightly different flavor.

Pico de gallo de mango

a la mexicana

Leonora Joy Adapón, originaria de Filipinas, estudió antropología en Londres y vino a México por el año de 1995 a hacer un estudio sobre los chiles mexicanos; estaba tan fascinada con la variedad de chiles y mangos, que fue ella quien me enseñó a hacer este pico de gallo de mango. El gran secreto de este preparado consiste en la utilización de la llamada "salsa de pescado", que es una salsa muy salada, con un fuerte sabor a pescado, la cual debe utilizarse con recato. Varios países orientales la producen, como Filipinas y Tailandia.

Es francamente espectacular para comer en tostadas sencillas y, sobre todo, para aderezar un filete de pescado asado o algún corte suave de cerdo.

Nótese que no se pide sal en la receta, ya que la salsa de pescado es salada. No es un impedimento hacerla si no se cuenta con la salsa de pescado, simplemente añada dos cucharaditas de sal.

Ingredientes

- 1 (150 g) jitomate bola maduro, picado con semillas y piel
- 2 cucharadas (30 g) de cebolla blanca picada finamente
- ¼ de taza (15 g) de hojas de cilantro frescas, picadas finamente
- 1 cucharada (10 g) de chile serrano verde semillas ni venas, picado finamente

- 2 (500 g) mangos de Manila pelados, sin semillas y cortados en cubos de 2 cm aprox.
- 2 cucharadas (30 ml) de salsa de pescado o 2 cucharaditas rasas (12 g) de sal

Procedimiento

1. Coloque todos los ingredientes en un tazón y combínelos hasta que queden incorporados.
2. Pruebe y ajuste con más salsa de pescado o sal si es necesario. El sabor final debe ser una mezcla de dulce y salado.
3. Sirva frío, fresco o a temperatura ambiente.

Pico de gallo

de piña

Éste es un pico de gallo muy sencillo, pero que resulta una salsa picante muy sabrosa para todo tipo de carnes asadas y tacos. Ésta la aprendí a hacer en las taquerías de las calles de Lorenzo Boturini, en la Ciudad de México. Es especialmente delicioso el que se prepara en "El Pastorcito", del señor Raymundo (más conocido como "Don Ray"). Para localizarla, búsquela como "Los originales de Don Ray", en Lázaro Pavia 224, colonia Jardines de Balbuena, en la Ciudad de México.

Se sorprenderá de lo sencilla pero exquisita que es esta receta.

Ingredientes

- 3 tazas (450 g) de piña pelada y cortada en cubos chicos
- ½ (25 g) chile manzano sin pedúnculo, picado finamente con semillas y venas

- ½ taza (30 g) de cilantro picado finamente, con todo y ramas
- 1 cucharada rasa (18 g) de sal o al gusto

Procedimiento

1. Mezcle todos los ingredientes y deje macerar.

Nota: Esta receta puede ser sorpresiva, pues si la piña es dulce queda muy rica, pero si la piña es muy ácida también resulta muy sabrosa, sólo con un sabor ligeramente distinto.

Pico de Gallo Salad

There is a Mexican saying that claims: "This is the exception that breaks the rule."

It's very difficult to define if this pico de gallo is more of a fruit salad or if it's the traditional concoction many of us Mexicans have in mind.

Perhaps my colleagues would prefer using orange supremes —those individually peeled orange wedge— which is a good idea, but in the end, picos de gallo are simple, rustic, homemade preparations, for eating once prepared.

Ingredients

- 1.1 lb/500 g peeled *jícama* cut into approximately ¼ × 2 inch strips
- 3 tablespoons (1.5 fl oz/45 ml) lime juice
- ½ teaspoon (3 g) salt
- 4 (2.2 lb/1 kg) oranges, peeled and cut into 8 or 12 slices each
- 3 (14.4 oz/360 g) beef tomatoes sliced into wedges
- 2 cups (12 lb/300 g) cantaloupe pulp, peeled, seeded and cut into ¾ inch cubes
- ¼ cup (1.8 oz/45 g) sliced red onion
- 1 (1.2 oz/30 g) jalapeño chile, stemmed, seeded, deveined and cut into thin strips
- 2 tablespoons (10 g) finely chopped fresh cilantro leaves

Procedure

1. Place all the ingredients in a bowl and mix until well incorporated. Taste, adjust for salt and refrigerate until serving.
2. Serve cold, cool or at room temperature.

Pico de Gallo Salad

with Pineapple and Jícama ————————————

Many fruit vendors in public markets sell pineapples already peeled, and even sliced; this is very practical, for then you know exactly if the pineapple is yellow, ripe and sweet. In some cases, you're offered a "taste", and let's not even consider, for many, the laborious work involved in just peeling a pineapple. If possible, use the English or European cucumber for this pico de gallo; a very long cucumber with a very thin green skin that need not be peel, and can turn out to be quite interesting.

Ingredients

- 1 (16 oz/400 g) small ripe pineapple, peeled
- 10 oz/250 g of peeled *jícama*, cut into approximately ¼ × 2 inch strips
- 2 (12 oz/300 g) cucumbers, peeled, seeded and cut into approximately ¼ × 2 inch strips
- ¼ cup (2 fl oz/60 ml) lime juice
- 1½ teaspoons (9 g) salt
- 1 teaspoon (5 g) ground piquín chile

Procedure

1. Slice the pineapple lengthwise and remove the center from both halves, that is, the core.
2. Cut the pulp into slices about 2¾ × ⅝ inches. Reserve.
3. Combine all the ingredients in a bowl, taste and adjust for salt.
4. Serve cold, cool or at room temperature.

Ensalada de pico de gallo

Hay un dicho muy mexicano que reza: "Ésta es la excepción que rompe la regla". Es muy difícil definir si este pico de gallo es más una ensalada de frutas o el tradicional que muchos mexicanos llevamos en mente.

Tal vez mis colegas preferirían utilizar las "supremas" de naranja, que son los gajos de naranja pelados individualmente, lo cual resulta una buena idea, pero finalmente los picos de gallo son preparaciones sencillas, rústicas y caseras para comer en el momento.

Ingredientes

- 500 g de jícama pelada, cortada en tiras de 1 × 5 cm aprox.
- 3 cucharadas (45 ml) de jugo de limón
- ½ cucharadita rasa (3 g) de sal
- 4 (1 kg) naranjas peladas y cortadas en 8 o 12 trozos cada una
- 3 (360 g) jitomates bola cortados en gajos

- 2 tazas (300 g) de pulpa de melón chino, pelado, sin semillas y cortado en cubos de 3 cm
- ¼ de taza (45 g) de cebolla morada cortada en rebanadas
- 1 (30 g) chile jalapeño sin pedúnculo, semillas ni venas, cortado en tiras delgadas
- 2 cucharadas (10 g) de hojas de cilantro fresco, picadas finamente

Procedimiento

1. Coloque todos los ingredientes en un tazón y mezcle para que queden incorporados. Pruebe, ajuste de sal y refrigere hasta el momento de servir.
2. Sirva frío, fresco o a temperatura ambiente.

Ensalada de pico de gallo
de piña y jícama

En los mercados populares muchos marchantes de frutas venden las piñas ya peladas e incluso en rebanadas; esto es ideal, porque así se puede saber con exactitud si la piña está bien amarilla, madura y dulce. En algunos casos hay "prueba", y ni hablar de lo laborioso que resulta para muchos pelar la piña. Si es posible, en este pico de gallo use el llamado pepino inglés o europeo, que es un pepino muy largo con una piel verde muy delgada que no es necesario pelar y puede resultar muy interesante.

Ingredientes

- 1 (400 g) piña chica madura, pelada
- 250 g de jícama pelada, cortada en tiras de 1 × 5 cm aproximadamente
- 2 (300 g) pepinos pelados y sin semillas, cortados en tiras de 1 × 5 cm aproximadamente

- ¼ de taza (60 ml) de jugo de limón
- 1½ cucharaditas rasas (9 g) de sal
- 1 cucharadita rasa (5 g) de chile piquín molido

Procedimiento

1. Corte la piña a lo largo y retire el centro de ambas mitades, es decir, el corazón.
2. Corte la pulpa en tiras de aproximadamente 7 × 1.5 centímetros. Reserve.
3. Combine en un tazón todos los ingredientes, pruebe y ajuste de sal.
4. Sirva frío, fresco o a temperatura ambiente.

Guacamoles

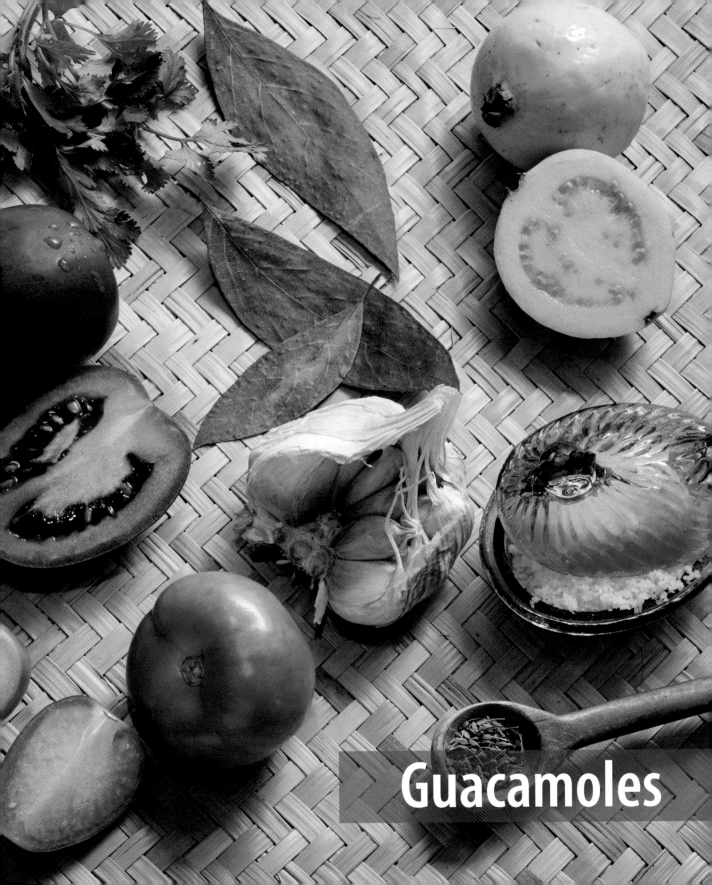

Guacamoles

Guacamoles

This is the result of more than 30 years of research trips around Mexico, during which I have collected all of these guacamole recipes. In a book on salsas, it's indispensable to include a section like this one in order to reaffirm the enormous variety of just this specialty that exists in the country; equally to reconfirm why Mexico is considered one of the countries with the most diversified gastronomy in the world.

In this section you will discover all the possible ways of preparing guacamole in the style of Mexican cuisine, from which this preparation originates. Let me assure you that I have not omitted any of the classic, common or unusual recipes. Among all these types of guacamoles, you will surely find one quite similar to those you use or know, in which the only change is some ingredient or quantity used.

Preparing guacamoles is truly simple and fun. Guacamole can be a snack, an appetizer, a complement for a salad, a side dish for an entrée or a snack between meals and, in some cases, even a substitute for dessert.

The word *guacamole* comes from the Nahuatl word *ahuacatl*, "testicle" (and, by association, avocado), and *mulli, "mole, salsa, or ground" and* always referring to some type of chile sauce.

Guacamole is very important in Mexican cuisine, since we Mexicans have a fascination for avocado, and also for practically all concoctions that include this fruit. We use avocado or guacamole with almost everything, suffice it to mention that *tortas* (a kind of sandwich), tacos, soups, grilled meat, rice, all kinds of broths, *carnitas* and *barbacoa*, without avocado are a meal that feels incomplete. And, besides being a classic snack, we shouldn't forget that a simple guacamole taco can be a great, delicious treat.

Contents

Guacamoles

Éste es el resultado de más de 30 años de viajes por México durante los cuales he recolectado todas estas recetas de guacamoles. Es indispensable que en un libro de Salsas haya una sección como ésta para reafirmar la gran variedad que existe en el país sobre una sola especialidad; también re-confirmar por qué México está considerado como uno de los países con más diversidad gastronómica del mundo.

En esta sección descubrirá todas las formas posibles de preparar guacamole al estilo de la cocina mexicana, que es la que da origen a este pre-parado. Debo advertir que no omití ninguna receta clásica, común o diferente. Entre todos estos tipos de guacamoles seguramente encontrará alguno muy parecido a los que usted acostumbra o conoce, en los que sólo cambia algún ingrediente o cantidad.

Preparar guacamoles es verdaderamente fácil y divertido. El guacamole puede ser botana, entremés, complemento de una ensalada, guarnición de platos fuertes, antojo entre comidas y, en algunos casos, hasta sustituir un postre.

La palabra "guacamole" proviene del náhuatl *ahuacatl* que significa "testículo" (nombre que se le dio al aguacate), y *mulli*, "mole, salsa o molido"; siempre refiriéndose a salsa de chile.

El guacamole es muy importante dentro de la cocina mexicana, ya que los mexicanos tenemos una fascinación por el aguacate, y prácticamen-te por todos los preparados que incluyan este fruto. Ponemos aguacate o guacamole en casi todo, sólo tenemos que pensar en las tortas, tacos, sopas, carne asada, arroz, todo tipo de caldos, carnitas y barbacoa, que sin aguacate la comida se siente incompleta. Además de ser una botana clásica, no debemos olvidar que un simple taco de guacamole puede ser un gran bocado.

Contenido

Classic
Guacamole

This is the guacamole that everyone knows, in Mexico and abroad, of which there are variations such as *a la mexicana*. The type of avocado used may vary according to the region.

Ingredients

- 2 (1.1 lb/500 g) ripe Hass avocados
- ½ teaspoon (3 g) salt
- ¼ cup (3.2 oz/80 g) chopped ripe Roma tomatoes
- ½ tablespoon (5 g) serrano chile seeded, deveined and minced
- ¼ cup (1.4 oz/35 g) minced white onion
- 2 tablespoons (12 g) finely chopped fresh cilantro leaves
- corn tortilla chips or corn tortillas to your liking

Procedure

1. Halve the avocados lengthwise and remove the pit. Scoop out the pulp with a spoon, cut into cubes and mash it with the salt.
2. Add the tomato, chile, onion and cilantro. Mix, taste and adjust for salt.
3. Serve at room temperature o slightly cold, with corn tortilla chips or corn tortillas.

Simple
Guacamole

This is perhaps the origin of all guacamoles. The procedure consists of following the Classic Guacamole recipe omitting the tomato.

Guacamole
a la Mexicana

Under the term "*a la mexicana*," there are many variations. The procedure consists in following the "Classic Guacamole" recipe, adding ½ teaspoon finely chopped garlic and 1 teaspoon lime juice.

Guacamole
clásico

Éste es el guacamole que todo el mundo conoce dentro y fuera de México, del que existen variantes como el guacamole a la mexicana; el tipo de aguacate puede cambiar según la región.

Ingredientes

- 2 (500 g) aguacates Hass maduros
- ½ cucharadita rasa (3 g) de sal
- ¼ de taza (80 g) de jitomate guaje maduro, picado
- ½ cucharada (5 g) de chile serrano sin semillas ni venas, picado
- ¼ de taza (35 g) de cebolla blanca picada finamente
- 2 cucharadas (12 g) de hojas de cilantro fresco picadas finamente
- totopitos o tortillas de maíz, al gusto

Procedimiento

1. Parta los aguacates por la mitad y retíreles la semilla. Extraiga la pulpa con una cuchara, córtela en cubos y macháquela con la sal.
2. Agregue el jitomate, el chile, la cebolla y el cilantro. Mezcle, pruebe y ajuste de sal.
3. Sirva a temperatura ambiente o ligeramente frío, acompañado de totopitos o tortillas de maíz.

Guacamole
sencillo

Éste es tal vez el origen de todos los guacamoles. El procedimiento es seguir la receta de guacamole clásico omitiendo el jitomate.

Guacamole
a la mexicana

Existen muchas variantes bajo el término "a la mexicana". El procedimiento es seguir la receta de guacamole clásico, agregando ½ cucharadita de ajo picado finamente y 1 cucharadita de jugo de limón.

Guacamole with Raw Tomatillos

This guacamole is characteristic of Mexico's central region and though not as common as the classic guacamole, it's likewise typical. Many variations derived from it can be found, the consistency is dense like any guacamole and at other times so much green salsa is added that it actually ends up being a salsa in itself; as a matter of fact, it's often called *salsa de* (of) *guacamole* or *guacamole* en (in) *salsa*.

Ingredients

- 2 (1.1 lb/500 g) ripe Hass avocados
- 1 teaspoon (6 g) salt
- 1 cup (6 oz/150 g) husked tomatillos, chopped into little cubes
- 1 tablespoon (10 g) serrano chile seeded, deveined and minced

- ½ teaspoon (4 g) peeled, finely minced garlic
- ¼ cup (15 g) finely chopped fresh cilantro leaves
- ¼ cup (1.4 oz/35 g) finely chopped white onion

Procedure

1. Halve the avocados lengthwise and remove the pit. Scoop out the pulp with a spoon, cut into cubes, and mash with the salt to a textured puree (it should not be smooth). Add the tomatillos, chiles, garlic, cilantro and onion. Mix together, taste and adjust for salt. Serve in a *salsera* dish.

Note: If desired, add 2 tablespoons olive oil (optional).

Guacamole with Cooked Tomatillos

It's very interesting to note that with the simple act of cooking the tomatillo, the flavor of the guacamole changes, and it's truly delicious.

Ingredients

- 2 (1.1 lb/500 g) ripe Hass avocados
- ¾ teaspoon (4.5 g) salt
- 1 (10 g) serrano chile stemmed, seeded and deveined

- 6 (3.8 oz/360 g) tomatillos, husked
- ¼ cup (1.4 oz/35 g) chopped white onion
- 2 tablespoons (12 g) chopped, fresh cilantro leaves

Procedure

1. Halve the avocados lengthwise and remove the pit. Scoop out the pulp with a spoon, cut into cubes and mash with the salt to a textured puree (it should not be smooth). Cook the chile and tomatillos in water. Strain and let cool. Crush the onion with the chile and tomatillos to a paste. Add the avocados, integrate them, add the cilantro, mix, taste and adjust for salt.

Guacamole with Roasted Tomatillos

This recipe uses same ingredients as the previous, but with the addition of 1 garlic clove and removal of the cilantro. Roast the chile and tomatillos. Peel the chile and grind with one clove of garlic, the onion and a little salt until you have a paste. Add the tomatillos and continue grinding. Incorporate the avocado pulp and crush into the other ingredients.

Guacamole con tomate verde crudo

Este guacamole es característico del centro del país y aunque no es tan común como el clásico, es igualmente típico. De él se pueden encontrar muchas versiones, su consistencia es densa como cualquier guacamole y otras veces le añaden tanta salsa verde que acaba siendo salsa; de hecho, muchas veces le llaman "salsa de guacamole" o "guacamole en salsa".

Ingredientes

- 2 (500 g) aguacates Hass maduros
- 1 cucharadita rasa (6 g) de sal
- 1 taza (150 g) de tomates verdes sin cáscara y picados en cubos chicos
- 1 cucharada (10 g) de chile serrano sin semillas ni venas, picado finamente
- ½ cucharadita (4 g) de ajo pelado, picado finamente
- ¼ de taza (15 g) de hojas de cilantro fresco, picadas finamente
- ¼ de taza (35 g) de cebolla blanca, picada finamente

Procedimiento

1. Parta los aguacates por la mitad y retíreles la semilla. Extraiga la pulpa con una cuchara, córtela en cubos y macháquela con la sal sin llegar a hacer un puré (debe quedar martajada). Añada los tomates, el chile, el ajo, el cilantro y la cebolla. Mezcle, pruebe y ajuste de sal. Sirva en una salsera.

Nota: Si desea, puede añadir 2 cucharadas de aceite de oliva.

Guacamole con tomate verde cocido

Es muy interesante observar que con el simple hecho de cocer el tomate verde el sabor del guacamole cambia y es realmente delicioso.

Ingredientes

- 2 (500 g) aguacates Hass maduros
- ¾ de cucharadita rasa (4.5 g) de sal
- 1 (10 g) chile serrano sin pedúnculo, semillas ni venas
- 6 (360 g) tomates verdes sin cáscara
- ¼ de taza (35 g) de cebolla blanca picada
- 2 cucharadas (12 g) de hojas de cilantro fresco, picadas

Procedimiento

1. Parta los aguacates por la mitad y retíreles la semilla. Extraiga la pulpa con una cuchara, córtela en cubos y macháquela con la sal sin llegar a hacer un puré (debe quedar martajada). Cueza el chile y los tomates en agua. Cuele y deje enfriar. Machaque la cebolla con el chile y los tomates hasta obtener una pasta. Agregue el aguacate, integre, añada el cilantro, mezcle, pruebe y ajuste de sal.

Guacamole con tomate verde asado

Mismos ingredientes que la receta anterior añadiendo 1 diente de ajo y omitiendo el cilantro. Ase el chile y los tomates. Pele el chile y macháquelo con el diente de ajo, la cebolla y un poco de sal hasta obtener una pasta. Agregue los tomates y continúe machacando. Incorpore la pulpa de los aguacates y martaje.

Guacamole in Raw
Green Salsa

Up to this point we have looked at very thick guacamoles, but this recipe and the next one are more liquid guacamoles; let's not forget that the word guacamole means "avocado salsa", and it shouldn't be a surprise that this guacamole seems more like a salsa because of its consistency and texture.

Ingredients

- 1.1 lb/500 g tomatillos, husked and sliced
- 1 (10 g) serrano chile, stemmed, seeded, deveined and chopped
- ¼ cup (1.4 oz/35 g) white onion, chopped
- ½ teaspoon (3 g) peeled and finely minced garlic
- ¼ cup (15 g) roughly chopped cilantro leaves
- 2 teaspoons (12 g) salt
- 2 (1.1 lb/500 g) ripe Hass avocados

Procedure

1. Blend the tomatillos with the chile, without any water, for about 15 seconds to a textured salsa. Stop the blender and add the onion, garlic, cilantro and salt, and blend again for about 10 seconds.
2. Halve the avocados , remove the pits and scoop out the pulp with a spoon; discard the pits and skins. Slice the pulp into small cubes, add to the salsa and blend again for 5 seconds. Stop the blender and with a spoon stir the bottom of the jar so that the thickness of the mixture rises a little to the surface and allows for easier blending. Repeat this step two or three more times until no avocado chunks remain. Taste and adjust for salt.
3. Serve in a salsera dish or in a *molcajete* at room temperature.

Guacamole in Cooked
Green Salsa

Uses the same ingredients and quantities as the previous recipe. Simmer the chile in 1 quart of water for 5 minutes; place the tomatillos in the same water and boil until cooked; strain and let cool. Once cooled, blend the chile, tomatillos, onion, garlic, cilantro and salt for 15 seconds to a textured salsa. Incorporate the avocado pulp and blend again until no avocado chunks remain. Turn off the blender and stir the mixture, and re-start the blender two or three times. Taste and adjust for salt.

Guacamole en salsa
verde cruda

Hasta ahora hemos visto guacamoles muy consistentes, pero esta receta y la siguiente son guacamoles más aguados; no hay que olvidar que la palabra "guacamole" quiere decir "salsa de aguacate" y no debe de extrañar que este guacamole parezca más una salsa por su consistencia y textura.

Ingredientes

- 500 g de tomates verdes troceados
- 1 (10 g) chile serrano sin pedúnculo, semillas ni venas, troceado
- ¼ de taza (35 g) de cebolla blanca, picada
- ½ cucharadita (3 g) de ajo pelado, picado finamente
- ¼ de taza (15 g) de hojas de cilantro fresco, picadas toscamente
- 2 cucharaditas rasas (12 g) de sal
- 2 (500 g) aguacates Hass maduros

Procedimiento

1. Licúe los tomates con el chile, sin agua, durante 15 segundos, hasta obtener una salsa con textura o martajada. Pare la licuadora y añada la cebolla, el ajo, el cilantro y la sal, y vuelva a licuar unos 10 segundos.
2. Parta los aguacates por la mitad y retíreles la semilla. Extraiga la pulpa con una cuchara, córtela en cubos chicos, añádala a la salsa y vuelva a licuar por 5 segundos. Detenga la licuadora y con ayuda de una cuchara mueva desde el fondo para que lo espeso salga un poco a la superficie y pueda licuarse con mayor facilidad. Repita este paso dos o tres veces más hasta que no queden trozos de aguacate. Pruebe y ajuste de sal.
3. Sirva en una salsera o molcajete a temperatura ambiente.

Guacamole en salsa
verde cocida

Mismos ingredientes que la receta anterior. Hierva el chile en 1 litro de agua durante 5 minutos; en esa misma agua agregue los tomates verdes y hierva hasta que estén cocidos; cuele y deje enfriar. Posteriormente, licúe el chile, los tomates, la cebolla, el ajo, el cilantro y la sal por 15 segundos hasta obtener una salsa con textura. Incorpore la pulpa de los aguacates y vuelva a licuar hasta que no queden trozos de aguacate. Apague, remueva el molido y encienda la licuadora en dos o tres ocasiones. Pruebe y ajuste de sal.

Guacamole cremoso
Creamy Guacamole

Guacamole con tomate verde crudo
Guacamole with Raw Tomatillos

Guacamole en salsa verde cocida
Guacamole in Cooked Green Salsa

Guacamole en salsa verde cruda
Guacamole in Raw Green Salsa

Guacamole clásico
Classic Guacamole

Guacamole guanajuatense con guayaba
Guanajuato Style Guacamole with Guava

Tabasco Style
Guacamole

I remember that this guacamole was made at home to accompany any meal; it's customary in many southeastern states.

As simple as it may seem, this salsa is very tasty and allows for full enjoyment of the avocado's flavor, especially when served with dishes that are not highly seasoned; it's ideal for making tacos. No, this one does not contain chile or tomato.

Ingredients

- 2 (1.1 lb/500 g) ripe Hass avocados
- ½ teaspoon (3 g) salt
- 1 tablespoon (10 g) finely chopped white onion

Procedure

1. Halve the avocados lengthwise and remove the pit. Scoop out the pulp with a spoon, cut into cubes and mash it with the salt without making a puree.
2. Add the onion and mix well. Taste and adjust for salt.
3. Serve immediately.

Creamy
Guacamole

Many years ago, I learned how to make this guacamole in La Herradura restaurant in the Guerrero neighborhood of Mexico City. Unfortunately, the establishment has closed, but here we have a little taste of what it used to be. It's important to use cream of the very best quality. When I inquired why they added the cream, the head cook, in charge of the kitchen told me, in secret and almost whispering, "So that it doesn't turn black." The truth is that it becomes very delicious.

Ingredients

- 2 (1.1 lb/500 g) ripe Hass avocados
- 1 teaspoon (6 g) salt
- ½ cup (6.4 oz/160 g) chopped, ripe Roma tomato
- ½ tablespoon (5 g) serrano chile seeded, deveined and finely chopped
- ¼ cup (1.4 oz/35 g) chopped white onion
- ¼ cup (15 g) chopped fresh cilantro leaves
- 1 cup (10 oz/250 g) thick fresh *crema de rancho* or crème fraîche
- corn tortilla chips to your liking

Procedure

1. Halve the avocados lengthwise and remove the pit. Scoop out the pulp with a spoon, cut into cubes and mash with the salt until crushed; add the tomato, chile, onion, cilantro and the cream. Mix, taste and adjust for salt.
2. Serve with corn tortilla chips.

Guacamole

tabasqueño ——————————————————

Recuerdo que este guacamole se hacía en casa para acompañar cualquier comida; en muchos estados del sureste también se acostumbra.

Por muy sencillo que parezca, es muy sabroso y permite disfrutar en plenitud el sabor del aguacate, especialmente cuando se sirve con platillos no muy condimentados; es ideal para hacer tacos. No, éste no contiene chile ni jitomate.

Ingredientes

- 2 (500 g) aguacates Hass maduros
- ½ cucharadita rasa (3 g) de sal
- 1 cucharada (10 g) de cebolla blanca picada finamente

Procedimiento

1. Parta los aguacates por la mitad y retíreles la semilla. Extraiga la pulpa con una cuchara, córtela en cubos y macháquela con la sal sin llegar a hacer un puré.
2. Agregue la cebolla y mezcle bien. Pruebe y ajuste de sal.
3. Sirva inmediatamente.

Guacamole

cremoso ——————————————————

Hace muchos años aprendí a hacer este guacamole en el restaurante "La Herradura" de la colonia Guerrero, en la Ciudad de México. Lamentablemente el establecimiento cerró, pero aquí tenemos una probadita de lo que fue. Es importante usar una crema de muy buena calidad. Cuando pregunté para qué le ponían la crema, la mayora (jefa de cocina) me dijo, en secreto y en voz baja, "para que no se ponga negro". La verdad es que se vuelve muy sabroso.

Ingredientes

- 2 (500 g) aguacates Hass maduros
- 1 cucharadita rasa (6 g) de sal
- ½ taza (160 g) de jitomate guaje maduro picado
- ½ cucharada (5 g) de chile serrano sin semillas ni venas, picado finamente
- ¼ de taza (35 g) de cebolla blanca picada
- ¼ de taza (15 g) de hojas de cilantro fresco, picadas
- 1 taza (250 g) de crema fresca espesa o crema de rancho
- totopitos, al gusto

Procedimiento

1. Parta los aguacates por la mitad y retíreles la semilla. Extraiga la pulpa con una cuchara, córtela en cubos y macháquela con la sal hasta que quede martajada. Agregue el jitomate, el chile, la cebolla, el cilantro y la crema. Mezcle, pruebe y ajuste de sal.
2. Sirva acompañado de totopitos.

Guacamole

with Avocado Leaves

Avocado leaves are used in many dishes of Mexican cuisine, such as *barbacoa*, well-fried beans and some Oaxacan *moles*. They contribute a certain anise flavor to the recipe. From this preparation, an innumerable amount of different guacamoles can be made.

Ingredients

- 15 (10 g) fresh avocado leaves
- 2 (1.1 lb/500 g) ripe Hass avocados
- ¾ teaspoon (4.5 g) salt
- ½ tablespoon (5 g) serrano chile seeded, deveined and finely chopped
- ¼ cup (1.4 oz/35 g) chopped white onion
- 2 tablespoons (12 g) chopped, fresh cilantro leaves
- corn tortilla chips to your liking

Procedure

1. In a frying pan at low flame, toast the avocado leaves on both sides until toasted. Remove the large veins from the leaves and discard. Grind the leaf pieces to a powder in an electric grinder or in a *molcajete* or mortar. Measure out 1 tablespoon powder and save the rest for other uses.
2. Halve the avocados lengthwise and remove the pit. Scoop out the pulp with a spoon, cut into cubes and mash with the salt until crushed. Add the chile, onion, cilantro and the avocado leaf powder. Mix, taste and adjust for salt.
3. Serve accompanied with corn tortilla chips.

Anise Flavored

Guacamole

Some avocados have a decidedly anise-like flavor, especially the *criollo* or *"aguacatillo"* type (natural, non hybrid) that are eaten skin and all; adding ground anise seeds to guacamoles fortifies the ancient flavor of the native Mexican avocado.

Ingredients

- 2 (1.1 lb/500 g) ripe Hass avocados
- ¾ teaspoon (4.5 g) salt
- ½ tablespoon (5 g) serrano chile seeded, deveined and chopped
- ¼ cup (1.4 oz/35 g) chopped white onion
- ½ cup (6.4 oz/160 g) chopped, ripe Roma tomato
- 2 (6 g) tablespoons freshly ground aniseed
- corn tortilla chips to your liking

Procedure

1. Halve the avocados lengthwise and remove the pit. Scoop out the pulp with a spoon, cut into cubes and mash with the salt until crushed. Add the chile, onion, tomato and the anise. Mix, taste and adjust for salt.
2. Serve accompanied with corn tortilla chips.

Guacamole

con hojas de aguacate ——————————————

Las hojas de aguacate se emplean en muchos preparados en la cocina mexicana, como en la barbacoa, los frijoles refritos y algunos moles oaxaqueños. Éstas aportan un sabor más anisado a la receta. A partir de este preparado se puede hacer un sinnúmero de guacamoles diferentes.

Ingredientes

- 15 (10 g) hojas de aguacate frescas
- 2 (500 g) aguacates Hass maduros
- ¾ de cucharadita rasa (4.5 g) de sal
- ½ cucharada (5 g) de chile serrano sin semillas ni venas, picado finamente
- ¼ de taza (35 g) de cebolla blanca picada
- 2 cucharadas (12 g) de hojas de cilantro fresco, picadas
- totopitos, al gusto

Procedimiento

1. Ase las hojas de aguacate en un sartén a fuego bajo, por ambos lados, hasta que queden tostadas. Retire las nervaduras grandes de las hojas y deséchelas. Muela los trozos de hojas en un molino eléctrico o en un molcajete hasta hacerlo polvo. Mida 1 cucharada de polvo y guarde el resto para otros usos.
2. Parta los aguacates por la mitad y retíreles la semilla. Extraiga la pulpa con una cuchara, córtela en cubos y macháquela con la sal hasta que quede martajada. Agregue el chile, la cebolla, el cilantro y el polvo de hoja de aguacate. Mezcle, pruebe y ajuste de sal.
3. Sirva acompañado de totopitos.

Guacamole

anisado ——————————————

Algunos aguacates tienen un sabor declaradamente anisado, especialmente los criollos o también llamados aguacatillos, que se utilizan con todo y piel; aumentarle semillas de anís molidas a los guacamoles fortifica el sabor antiguo de los aguacates nativos de México.

Ingredientes

- 2 (500 g) aguacates Hass maduros
- ¾ de cucharadita rasa (4.5 g) de sal
- ½ cucharada (5 g) de chile serrano sin semillas ni venas, picado
- ¼ de taza (35 g) de cebolla blanca picada
- ½ taza (160 g) de jitomate guaje maduro picado
- 2 cucharadas rasas (6 g) de anís recién molido
- totopitos, al gusto

Procedimiento

1. Parta los aguacates por la mitad y retíreles la semilla. Extraiga la pulpa con una cuchara, córtela en cubos y macháquela con la sal hasta que quede martajada. Agregue el chile, la cebolla, el jitomate y el anís; mezcle, pruebe y ajuste de sal.
2. Sirva acompañado de totopitos.

Oaxacan Style
Guacamole

In the city of Oaxaca and in the Central Valleys region of the state, it's served as a snack to eat with *tlayudas* (the very large, regional corn tortillas) or totopos, the rough ground corn tostadas unique to the Isthmus of Tehuantepec.

The avocados are mashed to a puree; they are ground in a *molcajete* or in a blender and a little water is added so that the final mixture is creamy.

Ingredients

- 2 (1.1 lb/500 g) ripe Hass avocados
- 1 (1 oz/25 g) small jalapeño chile, stemmed, seeded, deveined and finely chopped
- 1 tablespoon (10 g) finely chopped white onion
- 2 tablespoons (12 g) finely chopped fresh cilantro leaves
- 1 tablespoon (8 g) peeled and finely chopped garlic
- ¼ cup (2 fl oz/60 ml) cold water
- ¾ teaspoon (4.5 g) salt
- 1 tablespoon (15 ml) lime juice, optional

Procedure

1. Halve the avocados lengthwise and remove the pit. Scoop out the pulp and cut into cubes.
2. Place all the ingredients except the avocado in a molcajete, mortar or blender, crush or blend until they are very well blended. Add the avocados, and mash or blend until you have a very fine puree.
3. If going to be eaten immediately, it's not necessary to add lime juice; otherwise, add 1 teaspoonful. Taste and adjust for salt.

Puebla Style
Guacamole

Many families of the states of Puebla and Tlaxcala customarily make this guacamole, with two special ingredients: *pipichas* (a leafy wild herb, *Porophyllum tagetoides*) and guaje seeds. It's used in the same manner as classic guacamole, for carnitas or barbacoa, as well as for any other foods.

Pipicha can be substituted by *papaloquelite* (*Porophyllum macrocephalum*), since their flavor is analogous. The *guaje* seeds contribute a very special flavor to this preparation; they don't really have a similar tasting substitute, but I replace them with peeled and toasted pumpkin seeds.

Ingredients

- 2 (1.1 lb/500 g) ripe Hass avocados
- 1 teaspoon (6 g) salt
- ¼ cup (1.4 oz/35 g) chopped white onion
- 1 (12 g) large serrano chile, stemmed, seeded, deveined and chopped
- 2 tablespoons (5 g) chopped fresh *pipicha* leaves
- 2 tablespoons (1.6 oz/40 g) fresh raw *guaje* beans
- ½ cup (6.4 oz/160 g) ripeRoma tomatoes, cut into small cubes

Procedure

1. Halve the avocados lengthwise and remove the pit. Scoop out the pulp with a spoon, cut into cubes and mash in a bowl with the salt without making a puree. Ensure that it has texture. Add the onion and chile; mix, taste for salt and adjust if needed. Lastly, add the *pipicha*, *guaje* seeds and the tomato; mix one last time and serve immediately.

Guacamole

oaxaqueño

En la ciudad de Oaxaca y en los Valles Centrales se sirve como botana para comerlo con tlayudas o totopos del Istmo de Tehuantepec.

Los aguacates se machacan hasta que quedan hechos puré; de hecho, los muelen en molcajete o licuadora y les agregan un poco de agua para que quede cremoso.

Ingredientes

- 2 (500 g) aguacates Hass maduros
- 1 (25 g) chile jalapeño chico, sin pedúnculo, semillas ni venas, picado finamente
- 1 cucharada (10 g) de cebolla blanca, picada finamente
- 2 cucharadas (12 g) de hojas de cilantro fresco, picadas finamente

- 1 cucharada (8 g) de ajo pelado, picado finamente
- ¼ de taza (60 ml) de agua fría
- ¾ de cucharadita rasa (4.5 g) de sal
- 1 cucharadita (15 ml) de jugo de limón, opcional

Procedimiento

1. Parta los aguacates por la mitad y retíreles la semilla. Extraiga la pulpa con una cuchara y córtela en cubos.
2. Coloque en el molcajete o la licuadora todos los ingredientes excepto la pulpa de aguacate, hasta lograr moler o licuar muy bien. Añada la pulpa de aguacate y machaque o muela hasta lograr un puré muy fino.
3. Si se va a comer inmediatamente, no es necesario añadir jugo de limón; de lo contrario, añada 1 cucharadita. Pruebe y ajuste de sal.

Guacamole

poblano

Muchas familias de Puebla y Tlaxcala acostumbran a hacer este guacamole con dos ingredientes especiales: pipichas y guajes. Se usa igual que el guacamole clásico, para los tacos de carnitas o barbacoa, así como para cualquier otro alimento.

La pipicha puede sustituirse por papaloquelite, ya que son de sabores análogos. Los guajes dan un sabor muy especial a este preparado; éstos no tienen un sustituto que se les parezca, pero yo los reemplazo por pepitas de calabaza peladas y tostadas.

Ingredientes

- 2 (500 g) aguacates Hass maduros
- 1 cucharadita rasa (6 g) de sal
- ¼ de taza (35 g) de cebolla blanca picada
- 1 (12 g) chile serrano grande, sin pedúnculo, semillas ni venas, picado

- 2 cucharadas (5 g) de hojas de pipicha fresca, picadas
- 2 cucharadas (40 g) de semillas frescas de guaje crudas
- ½ taza (160 g) de jitomate guaje maduro picado en cubos chicos

Procedimiento

1. Parta los aguacates por la mitad y retíreles la semilla. Extraiga la pulpa con una cuchara, córtela en cubos y mézclela en un tazón con la sal sin hacer un puré. Procure que quede martajada. Agregue la cebolla y el chile; mezcle, pruebe de sal y ajuste en caso de ser necesario. Al final, añada la pipicha, las semillas de guaje y el jitomate; mezcle por última vez y sirva inmediatamente.

Guanajuato Style Guacamole

with Guava

This guacamole is a snack, but it can be used as stuffing for poblano chiles or for serving with corn tortillas or pieces of crisp fried pork rinds. The states of Guanajuato, Aguascalientes, Colima and part of Jalisco share similar recipes; interestingly, all these guacamoles with fruit use red pomegranate for decoration. They are very old recipes, as proven by antique recipe books from those states.

Ingredients

- 2 (1.1 lb/500 g) ripe Hass avocados
- 1 teaspoon (6 g) salt
- 1 teaspoon (4 g) peeled and finely chopped garlic
- ½ cup (3.4 oz/85 g) chopped guava, without seeds
- ¼ (1 oz/25 g) yellow peach, pitted, peeled and cut into small cubes

- 1 cup (160 g) peeled cucumber cut into ¼ inch cubes
- ¼ cup (1.4 oz/35 g) finely chopped white onion
- ¼ cup (15 g) chopped, fresh cilantro leaves
- ½ cup (8 oz/200 g) red pomegranate arils, optional

Procedure

1. Halve the avocados lengthwise and remove the pit. Scoop out the pulp with a spoon, cut into cubes and mash with the salt and garlic until crushed. Add the guava, peach, cucumber, onion and cilantro. Mix, taste and adjust for salt.

2. Serve the guacamole garnish with the pomegranate arils.

Guacamole

with Xoconostle

Roasted or cooked *xoconostle* (sour prickly pear) is an ingredient that can contribute flavor and some acidity to preparations. This is a recipe that has fascinated me since the first time I tried it; it's from the state of Guanajuato. Be sure to use well-ripened *xoconostles*, that is, when their color is a bright pink. Ideally, this sauce should be made in a *molcajete*.

Ingredients

- 6 (14.4 oz/360 g) large *xoconostles* (sour prickly pear), unpeeled
- 1 (10 g) serrano chile stemmed, seeded and deveined
- 1¼ teaspoons (7.5 g) salt

- 2 (1.1 lb/500 g) ripe Hass avocados
- ¼ cup (15 g) chopped, fresh cilantro leaves
- ¼ cup (1.4 oz/35 g) chopped white onion

Procedure

1. Roast the *xoconostles* and the chile in a pan over low flame. Peel the *xoconostles*, cut in half and discard the seeds. Grind them together with the chile and a little salt.

2. Halve the avocadoes lengthwise and remove the pit. Scoop out the pulp with a spoon, cut into cubes and mash it over the *xoconostles*; add the cilantro and onion. Mix, taste, and adjust for salt.

Note: It can be eaten in corn tortilla tacos.

Guacamole guanajuatense

con guayaba ───────────────

Este guacamole es una botana, pero puede utilizarse como relleno de chiles poblanos o servirse con tortillas de maíz o trozos de chicharrón de cerdo. En los estados de Guanajuato, Aguascalientes, Colima y parte de Jalisco se comparten recetas similares; curiosamente, en todos estos guacamoles con fruta se utiliza granada roja para adornar. Son recetas muy antiguas, así lo prueban viejos recetarios de dichos estados.

Ingredientes

- 2 (500 g) aguacates Hass maduros
- 1 cucharadita rasa (6 g) de sal
- 1 cucharadita (4 g) de ajo pelado, picado finamente
- ½ taza (85 g) de guayabas picadas, sin semillas
- ¼ (25 g) de durazno amarillo pelado, sin semilla y cortado en cubos chicos
- 1 taza (140 g) de pepino pelado, sin semillas, cortado en cubos de 1 cm por lado
- ¼ de taza (35 g) de cebolla blanca picada finamente
- ¼ de taza (15 g) de hojas de cilantro fresco, picadas
- ½ taza (200 g) de granos de granada roja, opcional

Procedimiento

1. Parta los aguacates por la mitad y retíreles la semilla. Extraiga la pulpa con una cuchara, córtela en cubos y macháquela junto con la sal y el ajo para que quede martajada. Añada la guayaba, el durazno, el pepino, la cebolla y el cilantro. Mezcle, pruebe y ajuste de sal.
2. Sirva el guacamole adornado con los granos de granada.

Guacamole

con xoconostle ───────────────

El xoconostle asado o cocido es un ingrediente que puede aportar sabor y cierta acidez a los preparados. Ésta es una receta que verdaderamente me fascinó desde el primer momento que la probé; proviene del estado de Guanajuato. Asegúrese de usar los xoconostles bien maduros, es decir, cuando están color rosa intenso. Sería ideal que esta receta la hiciera en molcajete.

Ingredientes

- 6 (360 g) xoconostles grandes sin pelar
- 1 (10 g) chile serrano sin pedúnculo, semillas ni venas
- 1¼ cucharaditas rasas (7.5 g) de sal
- 2 (500 g) aguacates Hass maduros
- ¼ de taza (15 g) de hojas de cilantro fresco, picadas
- ¼ de taza (35 g) de cebolla blanca picada

Procedimiento

1. Ase los xoconostles y el chile en un sartén a fuego bajo. Pele los xoconostles, córtelos por la mitad y deseche las semillas. Martájelos junto con el chile y un poco de sal.
2. Parta los aguacates por la mitad y retíreles la semilla. Extraiga la pulpa con una cuchara, córtela en cubos y macháquela sobre los xoconostles. Añada el cilantro y la cebolla. Mezcle, pruebe y ajuste de sal.

Guacamole con chicharrón
Guacamole with Crisp Fried Pork Rinds

Guacamole con hojas de aguacate
Guacamole with Avocado Leaves

Guacamole exquisito
Exquisite Guacamole

Guacamole con mango
Guacamole with Mango

Guacamole oaxaqueño
Oaxacan Style Guacamole

Guacamole de frutas
Fruit Guacamole

Fruit Guacamole

This is an innovative guacamole, with multiples uses. It can be the stuffing for poblano chiles, and for those who enjoy fruit or are vegetarian, it could be used to create a version of chile en nogada (stuffed poblanos with fresh walnut sauce). Of course, it can be eaten with *topos* (corn tortilla chips) as a snack, spread on squares of *chicharrón* or as a side dish for grilled beef, pork or fish. Make sure the avocado is ripe.

This recipe yields for up to 12 people, depending on to the portions. The original recipe is from my book, *Verde en la cocina mexicana*.

A variety of very intense red pomegranates can be found in public markets that stands apart from others, it's called *granada roja granate* (garnet red pomegranate).

Ingredients

- 3 (8 oz/200 g) yellow peaches, peeled and cut into cubes
- ¼ cup (1.4 oz/35 g) chopped red or white onion
- 1 (4.8 oz/120 g) pear, peeled and cut into cubes of about ¼ inch per side
- 4 (8 oz/200 g) guavas without seeds cut into cubes about ¼ inch per side
- 1 (120 g) apple, peeled and cut into cubes about ¼ inch per side

- 1 teaspoon (4 g) peeled and finely chopped garlic
- 2 teaspoons (10 ml) lime juice
- ½ teaspoon (2 g) black pepper, freshly ground
- 2 teaspoons (12 g) salt
- 2 (1.1 lb/500 g) ripe Hass avocados
- ¼ cup (2 oz/50 g) red pomegranate arils

Procedure

1. In a bowl, place the peach, onion, pear, guava, apple, garlic, lime juice, pepper and salt. Mix and reserve.
2. Halve the avocados lengthwise and remove the pit. Scoop out the pulp with a spoon, cut and into cubes of approximately ¼ inch per side. Mix the fruits carefully, taking care to not crush the avocados or the fruit. Taste and adjust for salt.
3. Serve the mixture garnished with the pomegranate arils.

Guacamole with Mango

In recent decades, the state of Michoacán has become the world's greatest producer of avocados. In fact, the Association of Avocado Producers of Michoacán has invited me many times to promote avocado consumption around the world. I developed this recipe, to much success, during a promotional visit to the United States; it was named "tropical" for its use of mango. It's a replica of the Guacamole with Fruit from my book *Verde en la cocina mexicana*. But the idea of fruit guacamole is not that new; in point of fact, there are at least four states in the country whose traditional recipe books include it: Colima, Guanajuato, parts of Jalisco, and Aguascalientes.

Ingredients

- 1 (12 oz/300 g aprox.) ripe Manila mango, peeled and cut into ¼ inch cubes
- ¼ cup (1.8 oz/45 g) *jícama*, peeled and cut into ⅛ inch cubes
- ¼ cup (1.4 oz/35 g) finely chopped red or white onion
- ¼ teaspoon (2 g) peeled and finely chopped garlic
- 2 tablespoons (1 fl oz/30 ml) lime juice

- ½ teaspoon (3 g) salt
- ¼ teaspoon (1 g) black pepper, freshly ground
- 2 (1.1 lb/500 g) ripe Hass avocados
- 2 tablespoons (20 g) red pomegranate arils, optional
- corn tortilla chips to your liking

Procedure

1. In a large bowl combine the mango, *jícama*, onion, garlic, lime juice, salt, and pepper. Reserve.
2. Halve the avocados lengthwise and remove the pit. Scoop out the pulp with a spoon, cut into cubes and mash it lightly to a textured consistency. Mix it with the previous ingredients. Taste and adjust for salt.
3. Serve the guacamole, garnishing with the pomegranate arils. Accompany with corn tortilla chips.

Guacamole de frutas

Éste es un guacamole novedoso que tiene múltiples usos; puede ser el relleno de un chile poblano o también se podría hacer una versión del chile en nogada para los que gustan de la fruta o son vegetarianos. Por supuesto puede comerse con totopos de tortillas a manera de botana, sobre cuadros de chicharrón o como guarnición de alguna carne asada de res, cerdo o pescado. Asegúrese de que el aguacate esté maduro.

Esta receta rinde hasta para 12 personas según se sirva. La receta original proviene de mi libro *Verde en la cocina mexicana*.

En los mercados populares se puede encontrar una variedad de granada roja muy intensa, que se diferencia de las demás, llamada "granada roja granate".

Ingredientes

- 3 (200 g) duraznos amarillos, pelados y cortados en cubos
- ¼ de taza (35 g) de cebolla morada o blanca, picada
- 1 (120 g) pera pelada y cortada en cubos de 1 cm por lado aprox.
- 4 (200 g) guayabas sin semillas, cortadas en cubos de 1 cm por lado aprox.
- 1 (120 g) manzana pelada y cortada en cubos de 1 cm por lado aprox.
- 1 cucharadita (4 g) de ajo pelado y picado finamente
- 2 cucharaditas (10 ml) de jugo de limón
- ½ cucharadita rasa (2 g) de pimienta negra recién molida
- 2 cucharaditas rasas (12 g) de sal
- 2 (500 g) aguacates Hass maduros
- ¼ de taza (50 g) de granos de granada roja

Procedimiento

1. Coloque en un recipiente el durazno, la cebolla, la pera, la guayaba, la manzana, el ajo, el jugo de limón, la pimienta y la sal. Mezcle y reserve.
2. Parta los aguacates por la mitad y retíreles la semilla. Extraiga la pulpa con una cuchara y córtela en cubos de 1 centímetro por lado aproximadamente. Mezcle con las frutas cuidadosamente, procurando no machacar los aguacates o la fruta. Pruebe y ajuste de sal.
3. Sirva la mezcla adornada con los granos de granada.

Guacamole con mango

En las últimas décadas el estado de Michoacán se ha convertido en el mayor productor de aguacates en el mundo; de hecho, la Asociación de Productores de Aguacate de Michoacán me han invitado muchas veces a fomentar el consumo del aguacate. En alguna demostración en Estados Unidos, desarrollé esta receta que ha resultado muy exitosa; la nombraron "tropical" por el hecho de usar mangos. Es una recreación del guacamole de frutas de mi libro *Verde en la cocina mexicana*. En realidad, la idea del guacamole con frutas no es tan novedosa; de hecho, hay por lo menos cuatro estados en el país cuyos recetarios antiguos lo registran: Colima, Guanajuato, Jalisco y Aguascalientes.

Ingredientes

- 1 (300 g aprox.) mango Manila maduro, pelado y cortado en cubos de 1 cm por lado
- ¼ de taza (45 g) de jícama en cubos de ½ cm por lado aprox.
- ¼ de taza (35 g) de cebolla morada o blanca, picada finamente
- ¼ de cucharadita (2 g) de ajo pelado y picado finamente
- 2 cucharadas (30 ml) de jugo de limón
- ½ cucharadita (3 g) de sal
- ¼ de cucharadita (1 g) de pimienta negra recién molida
- 2 (500 g) aguacates Hass maduros
- 2 cucharadas (20 g) de granos de granada roja, opcional
- totopitos, al gusto

Procedimiento

1. Combine en un tazón grande el mango, la jícama, la cebolla, el ajo, el jugo de limón, la sal y la pimienta. Reserve.
2. Parta los aguacates por la mitad y retíreles la semilla. Extraiga la pulpa con una cuchara, córtela en cubos y macháquela ligeramente hasta que quede martajada. Mezcle con los ingredientes anteriores. Pruebe y ajuste de sal.
3. Sirva el guacamole y adorne con los granos de granada. Acompañe con totopos de tortilla de maíz.

Exquisite Guacamole

Among the recipes in this collection, the Exquisite Guacamole is perhaps the most different of all, and though the mix of ingredients may seem strange, the recipe does justice to its name; accompanied with corn tortilla tostadas, flour tortillas or on pieces of *chicharrón*, it can be a very substantial and delicious starter.

In this recipe, from Aguascalientes, the cheese is not for garnish purposes; it truly complements the guacamole's flavor. The idea comes from the colossal collection of recipes from Banrural (Rural Development Bank), an idea that I had to decode and prepare several times until I achieved the exquisite flavor that it promised.

Serves up to 12.

Ingredients

- 1 tablespoon (5 g) pickled serrano chile, chopped
- 1 tablespoon (15 ml) vinegar from the chiles
- 1 cup (6 oz/150 g) pickled vegetables, chopped
- 1 cup (4.8 oz/120 g) pickled pork rinds, chopped, optional
- ½ cup (4 fl oz/120 ml) Mexican *crema* or crème fraîche
- 1 tablespoon (15 ml) lime juice
- 1 tablespoon (15 ml) virgin olive oil

- ¼ cup (1.4 oz/35 g) finely chopped white onion
- 1 cup (12. 8 oz/320 g) chopped, ripe Roma tomato
- 2 teaspoons (12 g) salt
- 2 (1.1 lb/500 g) ripe Hass avocados
- 10 oz/250 g *queso ranchero* (fresh farm cheese) or Cotija cheese (aged farm cheese), in strips

Procedure

1. Mix together all of the ingredients, except the avocado and cheese; reserve.
2. Halve the avocados lengthwise and remove the pit. Scoop out the pulp with a spoon, cut into cubes and mash it lightly to a textured consistency. Add it to the other ingredients and mix without beating too much. Taste and adjust for salt.
3. Garnish with the cheese strips and serve.

Guacamole with Crisp Fried Pork Rinds

There are several recipes for guacamoles that suggest mixing the avocado or guacamole with *chicharrón*, crisp fried pork rinds. We just had to include this recipe. The combination avocado-chicharrón in corn tortillas makes us Mexicans crazy. Ask for a very thin chicharrón that has no layers of fat, the one called "*de papel*" (paper), since it's quite thin and light.

Ingredients

- 2 (1.1 lb/500 g) ripe Hass avocados
- ½ teaspoon (3 g) salt
- 1 teaspoon (3 g) serrano chile seeded, deveined and chopped
- 1 cup (12. 8 oz/320 g) chopped, ripe Roma tomato

- ¼ cup (1.4 oz/35 g) chopped white onion
- 2 tablespoons (12 g) chopped, fresh cilantro leaves
- 2 oz/50 g thin crisp fried pork rinds, in pieces
- corn or flour tortillas to your liking

Procedure

1. Halve the avocados lengthwise and remove the pit. Scoop out the pulp with a spoon, cut into cubes and mash with the salt to a textured consistency. Add the chile, tomato, onion and cilantro. Mix, taste and adjust for salt. Break up the pork rinds by hand to make pieces about 1-1/4 to 2 inches wide and add them to the guacamole just before serving.
2. Serve at room temperature or almost cold, with corn or flour tortillas.

Guacamole exquisito

Entre todas las recetas de esta colección, el "guacamole exquisito" es tal vez el más diferente de todos, y aunque la mezcla de ingredientes puede parecer extraña, la receta hace honor a su nombre; acompañada con tostadas de tortillas de maíz, tortillas de harina o sobre trozos de chicharrón, puede resultar una botana muy sustanciosa y deliciosa.

En esta receta de Aguascalientes el queso no es un adorno, verdaderamente complementa el sabor del guacamole. La idea proviene de la colosal colección de recetas de Banrural, la cual tuve que decodificar y preparar varias veces hasta lograr conseguir el sabor exquisito que prometía.

Rinde hasta 12 porciones.

Ingredientes

- 1 cucharada (5 g) de chiles serranos en vinagre, picados
- 1 cucharada (15 ml) de vinagre de los chiles
- 1 taza (150 g) de verduras en vinagre picadas
- 1 taza (120 g) de cueritos de cerdo en vinagre, picados, opcional
- ½ taza (120 ml) de crema
- 1 cucharada (15 ml) de jugo de limón
- 1 cucharada (15 ml) de aceite de oliva virgen

- ¼ de taza (35 g) de cebolla blanca picada finamente
- 1 taza (320 g) de jitomate guaje maduro, picado
- 2 cucharaditas rasas (12 g) de sal
- 2 (500 g) aguacates Hass maduros
- 250 g de queso ranchero o Cotija en tiras

Procedimiento

1. Mezcle todos los ingredientes, excepto los aguacates y el queso. Reserve.
2. Parta los aguacates por la mitad y retíreles la semilla. Extraiga toda la pulpa con una cuchara, córtela en cubos y macháquela ligeramente hasta que quede martajada. Añádala a los demás ingredientes y mezcle sin batir demasiado. Pruebe y ajuste de sal.
3. Sirva adornado con las tiras de queso.

Guacamole con chicharrón

Existen varias recetas de guacamoles en las que se sugiere mezclar el aguacate o guacamole con chicharrón. Esta receta no podía faltar. La combinación aguacate-chicharrón en tortilla de maíz, nos vuelve locos a los mexicanos. Pida un chicharrón muy delgado que no contenga capas de grasa, el llamado "de papel", ya que es muy delgado y ligero.

Ingredientes

- 2 (500 g) aguacates Hass maduros
- ½ cucharadita rasa (3 g) de sal
- 1 cucharadita (3 g) de chile serrano sin pedúnculo, semillas ni venas, picado
- 1 taza (320 g) de jitomate guaje maduro, picado

- ¼ de taza (35 g) de cebolla blanca picada
- 2 cucharadas (12 g) de hojas de cilantro fresco, picadas
- 50 g de chicharrón de cerdo "de papel" en trozos
- tortillas de maíz o de harina, al gusto

Procedimiento

1. Parta los aguacates por la mitad y retíreles la semilla. Extraiga la pulpa con una cuchara, córtela en cubos y macháquela con la sal hasta que quede martajada. Agregue el chile, el jitomate, la cebolla y el cilantro. Mezcle, pruebe y ajuste de sal. Con las manos rompa el chicharrón procurando que queden trozos de entre 3 y 5 centímetros y agréguelo justo antes de servir.
2. Sirva a temperatura ambiente o casi frío, con tortillas de maíz o harina.

Salsas with Fresh Chiles

Salsas con chiles frescos

Salsas with Fresh Chiles

In Mexican cuisine there are basically two colors of salsas: red ones and green ones. For thousands of years, they were made in a molcajete, therefore they were crushed and not ground. But technology has changed their texture; today it's easier to make finely ground salsas with the blender. This has also modified their contemporary flavor, because though everyone appreciates textured salsas, there is also a marked preference for well-ground, smooth salsas.

If made in a *molcajete*, the chiles are usually ground first with the salt and spices, and then the tomato or tomatillo is added; the result almost always has some degree of texture. In any case, similar salsas can also be made in a blender, since there are some that offer different speeds and others with pulse control, that allow for grinding the ingredients little by little to the desired texture.

Salsas are spicy by nature, since they're made with chiles; however, they shouldn't reach the point where they are almost impossible to eat. Each recipe here notes just how spicy each salsa is; in some cases, I even recommend the quantities. All the recipes were tested several times; the amount of chile I suggest in each one is what I've considered to be agreeably spicy, except those that are very spicy, like the Spicy Salsa with Sesame Seed.

Contents

Salsas con chiles frescos

En la cocina mexicana existen básicamente dos colores de salsas: las rojas y las verdes. Antiguamente todas se hacían en molcajete, por lo tanto, solían ser martajadas y no molidas. Pero la tecnología ha cambiado la textura de las mismas, pues ahora es más fácil hacer salsas muy molidas con la licuadora. Esto ha modificado también el sabor contemporáneo porque, aunque todos aprecian las salsas martajadas, también hay una marcada preferencia por las salsas bien molidas y tersas.

Si se realizan en molcajete, por lo general se muelen primero los chiles con la sal y las especias, y al final se añade el jitomate o el tomate; casi siempre la textura es algo martajada. De cualquier manera, también se pueden hacer salsas similares en la licuadora, pues existen algunas que tienen diferentes velocidades y otras que tienen pulsos, permitiendo moler poco a poco los ingredientes hasta lograr la textura deseada.

Las salsas por naturaleza son picosas, ya que están elaboradas con chiles; sin embargo, no deben llegar al grado que sea casi imposible comerlas. En cada receta está señalado qué tan picosa es cada salsa; en algunos casos, incluso, recomiendo las cantidades. Todas las recetas fueron probadas varias veces; la cantidad de chile que sugiero en cada una es lo que consideré que era agradablemente picante, excepto en aquellas que son muy picantes, como la salsa picosa de ajonjolí.

Contenido

Red Tomato
Salsa

This salsa has the consistency and appearance of a broth. This type of salsa is customary in many of the Gulf of Mexico states, to accompany foods such as small *chaya* leaf tamales or stuffed plantains. It's also good for tacos or for any other kind of *antojito*.

Ingredients

- 1.1 lb/500 g of ripe tomatoes, chopped
- 1½ tablespoons (4 g) peeled and chopped garlic
- ¼ cup (1.4 oz/35 g) chopped white onion
- 1 (10 g) serrano chile, stemmed, seeded, deveined and chopped
- 1 cup (8.1 fl oz/240 ml) water
- 1½ teaspoons (9 g) salt

Procedure

1. Place all the ingredients in a saucepan, cover and cook for 15 minutes or until the tomato is cooked. Let cool.
2. Blend at top speed for 30 seconds or until you have a smooth sauce that doesn't require straining. Heat again in an ungreased saucepan and cook once more until thickened.
3. Taste and adjust for salt.
4. Keep warm for accompanying any foods.

Red Salsa
Tabasco Style

In Tabasco, the red tomato salsa is prepared like the previous salsa, omitting the chile. It's used mainly to top snacks and *chipilín*, bean, or *chaya* tamales along with a few others.

Salsa de

tomate rojo

Esta salsa tiene la consistencia y apariencia de un caldillo. Este tipo de salsa se acostumbra mucho en los estados del Golfo para acompañar alimentos como los tamalitos de chaya o los plátanos rellenos. También se sirve para tacos y cualquier otro tipo de antojito.

Ingredientes

- 500 g de jitomate maduro, troceado
- 1½ cucharaditas (4 g) de ajo pelado y picado
- ¼ de taza (35 g) de cebolla blanca picada
- 1 (10 g) chile serrano sin pedúnculo, semillas ni venas, troceado
- 1 (240 ml) taza de agua
- 1½ cucharaditas rasas (9 g) de sal

Procedimiento

1. Coloque en una olla todos los ingredientes, tape y cueza por 15 minutos o hasta que el jitomate esté cocido. Deje enfriar.
2. Licúe a máxima velocidad por 30 segundos o hasta obtener una salsa tersa que no sea necesario colar. Caliente nuevamente una olla sin grasa y vuelva a cocer la salsa para que termine de espesar.
3. Pruebe y ajuste de sal.
4. Mantenga caliente para acompañar cualquier alimento.

Salsa roja

tabasqueña

La salsa de tomate rojo en Tabasco se hace de la misma manera que la salsa anterior, pero sin chile. Se utiliza principalmente para bañar antojitos y tamales de chipilín, frijoles, chaya y algunos más.

Very Roasted
Tomato Salsa

This outstanding salsa is a personal re-creation of one of the five salsas served to accompany tacos in the famous taquería "El Charco de las Ranas" in the Mexico City borough of Mixcoac. It took me several attempts before obtaining the desired result. The main trick is to perfectly roast all the ingredients on a comal or skillet until they are totally blackened. They are not peeled, except for the garlic. The salsa must be a dark brown color, almost black; otherwise, the ingredients were not sufficiently roasted.

Ingredients

- 1.1 lb/500 g of ripe Roma tomato, roasted until blackened
- 4 (16 g) large garlic cloves, well roasted in their skin and then peeled
- ¼ (2 oz/50 g) white onion, well roasted until blackened

- 3 (1.2 oz/30 g) serrano chiles roasted until blackened, stemmed, seeded and deveined
- ½ cup (4.2 fl oz/120 ml) water
- 1 teaspoon (6 g) salt

Procedure

1. Blend all the ingredients to a smooth sauce that doesn't require straining. Taste and adjust for salt.
2. Serve in a salsera dish, warm or at room temperature.

Chiltomate – Roasted

In the Yucatán peninsula there are basically two ways of preparing this pleasant, mild flavored tomato salsa, good for accompanying any snack or dish. The tomato may be roasted or cooked; it's truly controversial which of these two versions is the best.

Ingredients

- 1.1 lb/500 g of ripe red tomato, roasted
- ¼ (2 oz /50 g) onion, roasted

- 1 (10 g) whole habanero chile, burnt-roasted
- 1¼ teaspoons (7.5 g) salt

Procedure

1. Blend the tomato with the onion to a smooth textured sauce; cook with a little water and the salt for 15 minutes. Add the habanero chile taking care not to tear it, because otherwise the salsa will be very spicy. Add a cup water, allow to cook for 10 minutes or until the salsa reduces and thickens somewhat. Remove from flame.
2. Serve warm or at room temperature.

Chiltomate – Cooked

Prepared in exactly the same way, except that the tomato is cooked in water. The water is discarded, and the tomato is blended with the other ingredients, except the habanero chile, which should never be blended.

Salsa de jitomate

muy asado

Esta extraordinaria salsa es una recreación personal de una de las cinco salsas que sirven para acompañar los tacos en la famosa taquería "El Charco de las Ranas", en el barrio de Mixcoac en la Ciudad de México. Me llevó varias pruebas obtener el resultado deseado. El gran truco consiste en asar perfectamente en el comal o sartén todos los ingredientes hasta que estén ennegrecidos totalmente. Éstos no se pelan, excepto el ajo. La salsa debe resultar café oscuro, casi negro; de lo contrario, no los asó de manera suficiente.

Ingredientes

- 500 g de jitomate guaje maduro, asado hasta ennegrecerse
- 4 (16 g) dientes de ajo grandes, bien asados en su cáscara y luego pelados
- ¼ (50 g) de cebolla blanca bien asada hasta ennegrecerse
- 3 (30 g) chiles serranos asados hasta ennegrecer, sin pedúnculo, semillas ni venas
- ½ taza (120 ml) de agua
- 1 cucharadita rasa (6 g) de sal

Procedimiento

1. Licúe todos los ingredientes hasta obtener una salsa tersa que no sea necesario colar. Pruebe y ajuste de sal.
2. Sirva tibia o a temperatura ambiente en una salsera.

Chiltomate asado

En la península de Yucatán existen básicamente dos formas de hacer esta agradable salsa de jitomate, de sabor muy suave, que sirve para acompañar prácticamente cualquier antojito o alimento: el jitomate puede estar asado o cocido; es una verdadera controversia cuál de las dos versiones es mejor.

Ingredientes

- 500 g de jitomate bola maduro, asado
- ¼ (50 g) de cebolla asada
- 1 (10 g) chile habanero entero asado, bien quemado
- 1¼ cucharaditas rasas (7.5 g) de sal

Procedimiento

1. Licúe el jitomate con la cebolla hasta obtener una salsa con textura; cuézalos con un poco de agua y la sal, por 15 minutos. Agregue el chile habanero entero cuidando de no romperlo, de lo contrario la salsa quedaría muy picosa. Añada una taza de agua, deje cocer por 10 minutos o hasta que la salsa reduzca y esté algo espesa. Retire del fuego.
2. Sirva caliente o a temperatura ambiente.

Chiltomate cocido

Se hace exactamente igual que la salsa anterior, excepto que el jitomate se cuece en agua. Se desecha el agua y se licúa con los demás ingredientes, excepto el chile habanero que nunca debe licuarse.

Salsa Ranchera Mexico City Style

In the restaurants and coffee shops of the country's central region and in Mexico City, the term *ranchera* (rural, farm) refers to a blended tomato salsa, slightly spicy, with which all kinds of foods are accompanied.

Ingredients

- 4 cups (33. 8 fl oz/1 liter) water
- 1.1 lb/500 g of ripe Roma tomato
- 2 (20 g) serrano chiles stemmed, seeded and deveined
- ¼ cup (1.4 oz/35 g) chopped white onion
- 2 (6 g) small garlic cloves, peeled
- 2 tablespoons (1 fl oz/30 ml) oil
- ¾ teaspoon (4.5 g) salt

Procedure

1. Cook the tomatoes, chiles, onion and garlic in the water until well cooked. Remove from heat. Strain, reserve the water and the ingredients separately, let cool.
2. Blend all the ingredients until the salsa is very smooth, leaving little residue when strained. Discard any residue that might remain in the strainer. Reserve.
3. Separately, in a small saucepan, heat the oil at medium flame and pour in the salsa. When it boils, reduce the heat and add the salt and ⅓ cup the water the tomatoes were cooked in. Once it boils again, cook for 10 minutes more, stirring occasionally. Remove from heat.
4. Serve in a *salsera* dish, hot or at room temperature.

Salsa Ranchera Xalapa Style

This is a ranchera salsa from the region of Xalapa, Veracruz. In Mexico City, there is another one, quite different, blended and more liquid.

Salsa ranchera (rural or farm style) refers to a variety of salsas made in villages or small ranch communities, usually rustic or prepared in *molcajete*.

Ingredients

- 1.1 lb/500 g of ripe Roma tomato, roasted
- 3 (1.2 oz/30 g) roasted serrano chiles, stemmed, seeded and deveined
- ⅛ (17 g) white onion, chopped
- 2 (7 g) medium garlic cloves, roasted and peeled
- ¾ teaspoon (4.5 g) salt

Procedure

Blender version

1. Roughly chop the tomatoes, chiles, onion and garlic. Blend the ingredients together for 5 seconds or to a textured salsa. The texture of this salsa is not completely liquid or uniform; it should be a rustic grind.
2. Pour the contents into a salsera dish, taste and adjust for salt.
3. Serve hot or at room temperature.

Molcajete version

1. Roughly chop the tomatoes, chiles, onion and garlic. Place all the ingredients in the *molcajete*, except the tomato.
2. With the pestle (tejolote), grind everything until well crushed. Add the tomato and grind again until it's also well crushed. Taste and adjust for salt.
3. Remove the pestle and serve at room temperature in the *molcajete*.

Salsa ranchera estilo Ciudad de México

En los restaurantes y cafeterías del centro del país y en la Ciudad de México, esta salsa es de jitomate licuado, ligeramente picante, con la que se acompañan todo tipo de alimentos en la mesa.

Ingredientes

- 4 tazas (1 ℓ) de agua
- 500 g de jitomates guajes maduros
- 2 (20 g) chiles serranos sin pedúnculo, semillas ni venas
- ¼ de taza (35 g) de cebolla blanca picada
- 2 (6 g) dientes de ajo chicos, pelados
- 2 (30 ml) cucharadas de aceite
- ¾ de cucharadita rasa (4.5 g) de sal

Procedimiento

1. Cueza en el agua los jitomates, los chiles, la cebolla y los ajos hasta que estén bien cocidos. Retire del fuego. Cuele, reserve el agua y los ingredientes aparte y deje enfriar.
2. Licúe todos los ingredientes hasta que la salsa quede muy tersa, de manera que al colarla quede lo mínimo de bagazo. Deseche cualquier residuo que pudiera quedar. Reserve.
3. Por separado, en una olla pequeña, caliente a fuego medio el aceite y vierta en ella la salsa. Cuando hierva, baje el fuego, añada la sal y ⅓ de taza del agua donde se cocieron los jitomates. A partir de que hierva nuevamente, cueza por 10 minutos más moviendo de vez en cuando. Apague el fuego y retire la olla.
4. Sirva caliente o a temperatura ambiente en una salsera.

Salsa ranchera estilo Xalapa

Ésta es una salsa ranchera de la región de Xalapa, Veracruz. En la Ciudad de México existe otra muy diferente, licuada y más líquida.

El término "ranchero" refiere a una variedad de salsas que se hacen en los pueblos o ranchos, generalmente rústicas o martajadas en el molcajete.

Ingredientes

- 500 g de jitomates guajes maduros, asados
- 3 (30 g) chiles serranos asados sin pedúnculo, semillas ni venas
- ⅛ (17 g) de cebolla blanca, asada
- 2 (7 g) dientes de ajo medianos, asados y pelados
- ¾ de cucharadita (4.5 g) de sal aprox.

Procedimiento

Versión en licuadora

1. Pique un poco los jitomates, los chiles, la cebolla y los ajos. Licúe los ingredientes por 5 segundos o hasta que todos queden sólo martajados. La textura de esta salsa no es totalmente licuada ni uniforme; el molido debe ser rústico.
2. Vierta el contenido en una salsera, pruebe y ajuste de sal.
3. Sirva caliente o a temperatura ambiente.

Versión en molcajete

1. Pique un poco los jitomates, los chiles, la cebolla y los ajos. Coloque en el molcajete todos los ingredientes, excepto el jitomate.
2. Con el tejolote o piedra, muela todo hasta que quede martajado. Añada el jitomate y vuelva a moler hasta que quede martajado también. Pruebe y ajuste de sal al gusto.
3. Retire el tejolote y sirva a temperatura ambiente en el mismo molcajete.

Salsa verde cocida y frita
Tomatillo Salsa - Cooked and Fried

Salsa ranchera estilo Xalapa
Salsa Ranchera Xalapa Style

Salsa de jitomate muy asado
Very Roasted Tomato Salsa

Chiltomate asado
Chiltomate – Roasted

Salsa de tomate rojo
Red Tomato Salsa

Salsa de chile serrano con xoconostle
Serrano Chile Salsa with Xoconostle

Tomatillo Salsa – Raw

This is a very traditional salsa, found daily in Mexico City, small eateries and restaurants and in the central region of the country; it's also popular in households. It's used with all kinds of foods. The texture depends on personal taste and it can be lightly textured or very smooth. In this case we suggest it be a textured salsa. It's advisable to prepare half an hour before serving. It's normal for it to turn greener the following day, but it doesn't spoil. It keeps for up to 3 days in refrigeration.

Ingredients

- 1.1 lb/500 g tomatillos, husked and quartered
- 3 (1.2 oz/30 g) serrano chiles, stemmed, seeded, deveined and chopped
- ½ cup (1.4 oz/35 g) finely chopped white onion
- ½ teaspoon (4 g) peeled and minced garlic
- ¼ cup (15 g) chopped fresh cilantro leaves
- 1½ teaspoons (9 g) salt

Procedure

1. Blend the tomatoes with the chiles, without water, for 20 seconds, to a smooth sauce.
2. Stop the blender, add the onion, garlic, coriander, salt and blend for 5 seconds more. Taste and adjust for salt. Serve at room temperature.

Tomatillo Salsa – Raw – Cooked

This version owes its name to the fact that the only ingredient cooked is the tomatillo, and all the others remain raw; the simple fact of not cooking the chile modifies the final flavor greatly. As with the others, this is an all-purpose table salsa.

Ingredients

- 1.1 lb/500 g of tomatillos, husked
- 1 cup (8.1 fl oz/240 ml) water
- ½ teaspoon (4 g) garlic, peeled and minced
- 3 tablespoons (1.2 oz/30 g) finely chopped white onion
- 3 (1.2 oz/30 g) serrano chiles stemmed, seeded, deveined and chopped
- ½ cup (1.2 oz/30 g) finely chopped fresh cilantro leaves
- 1¼ teaspoons (7.5 g) salt

Procedure

1. Cook the tomatoes in the water for 15 minutes. Remove from heat and strain. Reserve water and tomatoes separately and let cool.
2. Blend the garlic, onion, chiles and one fourth of the tomatoes to a smooth sauce. Add the rest of the tomato, the cilantro and the salt and blend a few seconds more to a textured salsa.
3. Serve in a *salsera* dish or a *molcajete*, taste for salt and adjust if needed.

Salsa verde cruda

Ésta es una salsa muy tradicional que se encuentra a diario en fondas y restaurantes de la Ciudad de México y el centro del país; a nivel casero también se acostumbra mucho. Se utiliza para acompañar todo tipo de alimentos. La textura depende del gusto personal; puede estar ligeramente martajada o muy tersa. En este caso se sugiere que sea una salsa con textura. Se recomienda hacerla media hora antes de servirla. Es normal que al otro día se vuelva más verde, pero no se echa a perder. Se conserva hasta 3 días en refrigeración.

Ingredientes

- 500 g de tomate verde, sin cáscara y partido en 4 partes
- 3 (30 g) chiles serranos sin pedúnculo, semillas ni venas, troceados
- ¼ de taza (35 g) de cebolla blanca picada finamente
- ½ cucharadita (4 g) de ajo pelado y picado finamente
- ¼ de taza (15 g) de hojas de cilantro frescas, toscamente picadas
- 1 ½ cucharaditas rasas (9 g) de sal

Procedimiento

1. Licúe los tomates con los chiles, sin agua, por 20 segundos o hasta que obtenga una salsa tersa.
2. Detenga la licuadora, añada la cebolla, el ajo, el cilantro, la sal y licúe 5 segundos más. Pruebe y ajuste de sal. Sirva a temperatura ambiente.

Salsa verde cruda-cocida

Esta versión debe su nombre a que lo único que está cocido son los tomates y todos los demás ingredientes quedan crudos; el simple hecho de no cocer los chiles modifica mucho el sabor final. Al igual que las demás, ésta es una salsa de mesa multiusos.

Ingredientes

- 500 g de tomate verde sin cáscara
- 1 taza (240 ml) de agua
- ½ cucharadita (4 g) de ajo pelado y picado
- 3 cucharadas (30 g) de cebolla blanca picada finamente
- 3 (30 g) chiles serranos sin pedúnculo, semillas ni venas, troceados
- ½ taza (30 g) de hojas de cilantro frescas, picadas finamente
- 1¼ cucharaditas rasas (7.5 g) de sal

Procedimiento

1. Cueza los tomates en el agua por 15 minutos. Retire del fuego y cuele. Reserve aparte el agua y los tomates y deje enfriar.
2. Licúe el ajo, la cebolla, los chiles y una cuarta parte de los tomates hasta obtener una salsa tersa. Añada el resto de los tomates, el cilantro, la sal y vuelva a licuar unos segundos más para que la salsa quede martajada.
3. Sirva en una salsera o molcajete, pruebe de sal y ajuste si es necesario.

Tomatillo Salsa – Cooked

This all-purpose salsa is very common in Central Mexico. The contrast between the cooked, blended tomatillos with the raw ingredients is highly appreciated and a great favorite for many. Often people cook the tomatillos and the chiles together, but according to ladies of the Tláhuac neighborhood in Mexico City, the chiles take longer to cook than the tomatillos, so they prefer to cook the chiles first and then add the tomatillos.

Ingredients

- 4 cups (33.8 fl oz/1 ℓ) of water
- 3 (1.2 oz/30 g) serrano chiles stemmed, seeded and deveined
- 1.1 lb/500 g of tomatillos, husked
- ¼ cup (1.4 oz/35 g) chopped white onion
- 1 teaspoon (4 g) peeled and finely chopped garlic
- ¼ cup (15 g) chopped fresh cilantro leaves
- 1¼ teaspoons (7.5 g) salt

Procedure

1. In a small saucepan heat the water over high flame. When it comes to a rolling boil, add the chiles, cover and let cook for 5 minutes.
2. Add the tomatillos, cover again and allow to cook for 5 more minutes or until the tomatoes are well cooked, but not falling apart. Remove from heat, drain and let cool for 15 minutes before blending.
3. Blend the chiles, tomatillos, onion, garlic, cilantro and salt for 15 seconds until you have a smooth, but textured sauce. Taste and adjust for salt. If you want a more liquid salsa, you can add 1 tablespoon to ½ cup more of water, according to taste.
4. Serve in a *salsera* dish or *molcajete*.

Tomatillo Salsa – Roasted

This is another classic green salsa that is customary in many parts of the central region of the country. With more or fewer ingredients, it exists in many versions. It's also called "salsa de molcajete", or "salsa *molcajeteada*", for traditionally the ingredients are ground in a *molcajete*. It can also be made using a blender.

It keeps for up to 3 days in refrigeration.

Ingredients

- 1.1 lb/500 g of tomatillos, husked
- 3 (1.2 oz/30 g) serrano chiles stemmed, seeded and deveined
- ¼ (2 oz/50 g) white onion
- 3 (12 g) large garlic cloves, peeled
- 1¼ teaspoons (7.5 g) salt
- 2 tablespoons (12 g) finely chopped fresh cilantro leaves

Procedure

1. On a comal or skillet over medium flame, roast the tomatoes, chiles, onion and garlic. Allow them to burn until they show blisters or black spots. The tomatillos will take longer, so turn them over, so that they roast evenly.
2. As you remove the ingredients from the skillet, place them in a closed receptacle with a lid, so the tomatillos continue to cook in their own heat (approximately 30 minutes).
3. Blend the ingredients for 10 seconds and add salt. If you want a finer texture, blend longer, approximately 30 seconds.
4. Pour into a *salsera* dish or a *molcajete*, add the cilantro, stir, taste and adjust for salt.

Salsa verde cocida

Esta salsa es muy común en el centro del país y es multiusos. Gusta mucho el contraste que hacen los tomates cocidos y licuados con los demás ingredientes crudos; es una gran favorita para muchos. Usualmente mucha gente cuece juntos los tomates y el chile, pero de acuerdo con las señoras de Tláhuac en la Ciudad de México, los chiles tardan más tiempo en cocerse que los tomates, por eso, prefieren cocer primero los chiles y después añadir los tomates.

Ingredientes

- 4 tazas (1 ℓ) de agua
- 3 (30 g) chiles serranos sin pedúnculo, semillas ni venas
- 500 g de tomate verde, sin cáscara
- ¼ de taza (35 g) de cebolla blanca picada
- 1 cucharadita (4 g) de ajo pelado y picado finamente
- ¼ de taza (15 g) de hojas de cilantro fresco picadas
- 1¼ cucharaditas rasas (7.5 g) de sal

Procedimiento

1. Ponga a calentar el agua a fuego alto en una olla pequeña. Cuando hierva a borbotones añada los chiles, tape y déjelos cocer por 5 minutos.
2. Agregue los tomates, vuelva a tapar y deje cocer por 5 minutos más o hasta que los tomates estén bien cocidos, pero no desbaratados. Apague, drene y deje enfriar por 15 minutos para poder licuar.
3. Licúe los chiles, los tomates, la cebolla, el ajo, el cilantro y la sal por 15 segundos hasta obtener una salsa tersa con textura. Pruebe y ajuste de sal. Si desea la salsa más líquida, puede añadir de 1 cucharada a ½ taza de agua, a su gusto.
4. Sirva en una salsera o molcajete.

Salsa verde asada

Ésta es otra de las salsas verdes clásicas que se acostumbran en muchas partes del centro del país. Con más o menos ingredientes existen muchas versiones de ella. También es llamada "salsa de molcajete" o "salsa molcajeteada", pues tradicionalmente los ingredientes se muelen en un molcajete. También se puede hacer en licuadora.

Se conserva hasta 3 días en refrigeración.

Ingredientes

- 500 g de tomate verde sin cáscara
- 3 (30 g) chiles serranos sin pedúnculo, semillas ni venas
- ¼ (50 g) de cebolla blanca
- 3 (12 g) dientes de ajo grandes, pelados
- 1¼ cucharaditas rasas (7.5 g) de sal
- 2 cucharadas (12 g) de hojas de cilantro frescas picadas finamente

Procedimiento

1. Ase en un comal o sartén a fuego medio los tomates, los chiles, la cebolla y los ajos. Deje que se quemen hasta que les aparezcan ampollas o pecas negras. Los tomates requerirán más tiempo, así que voltéelos para que el asado sea uniforme.
2. Conforme vaya retirando los ingredientes del sartén, colóquelos en un recipiente hermético con tapa, para que los tomates se cuezan en su propio calor (aproximadamente 30 minutos).
3. Licúe los ingredientes por 10 segundos y añada sal. Si desea una textura más fina, licúe por un tiempo mayor, 30 segundos aproximadamente.
4. Vierta en una salsera o molcajete, añada el cilantro, mezcle, pruebe y ajuste de sal.

Tomatillo Salsa – Cooked and Fried

This is one of the most common salsas; it's found everywhere as a table salsa or a spicy salsa. With it, you can also make *chilaquiles* and green enchiladas adding some *epazote* (wormseed) sprigs during the last simmer. Though fried, the amount of oil used is minimal, especially if you consider that two tablespoons oil are used for making over half a quart of salsa.

Ingredients

- 4 cups (33.8 fl oz/500 g) water
- 3 (1.2 oz/30 g) serrano chiles stemmed, seeded and deveined
- 1.1 lb/500 g of tomatillos, husked
- ¼ cup (1.4 oz/35 g) chopped white onion
- 1 teaspoon (4 g) peeled, finely chopped garlic
- ¼ cup (15 g) finely chopped fresh cilantro leaves
- 1¼ teaspoons (7.5 g) salt
- 2 tablespoons (1 fl oz/30 ml) oil

Procedure

1. Heat the water in a small covered saucepan. When it reaches a rolling boil, add the chiles, cover and let cook for 5 minutes. Add the tomatillos, cover and cook for 5 minutes more until the tomatillos are well cooked, but not falling apart.
2. Remove from flame, strain the chiles and tomatoes, and let cool.
3. Blend the chiles, tomatillos, onion, garlic, cilantro and salt for 20 seconds or until you have a smooth, but textured sauce.
4. Heat the oil in a pan over high heat, add the salsa and allow it to boil. Lower the flame and cook for 5 more minutes. Stir occasionally so it doesn't stick to the pan. At this point the salsa should be sufficiently thick, but if you want it lighter, add ¼ cup water and adjust the salt.
5. Serve in a *salsera* dish or *molcajete*, at room temperature.

Tomatillo Salsa

with *Epazote*

I decided to include this very simple green salsa from the state of Morelos because, although there are many recipes for green salsas in the central states of the country, there are almost no table salsas that contain epazote.

In the previous recipe, substitute the cilantro for 4 leafy sprigs of epazote, removing them before serving.

Salsa verde cocida y frita

Ésta es una de las salsas más comunes que se encuentra por todas partes como una salsa de mesa o salsa picante. Con ella también se pueden hacer chilaquiles y enchiladas verdes añadiéndoles ramas de epazote en el último hervor. Aunque es frita, la cantidad de aceite es mínima, especialmente si se considera que son dos cucharadas de aceite y que se obtiene más de medio litro de salsa.

Ingredientes

- 1 l de agua
- 3 (30 g) chiles serranos sin pedúnculo, semillas ni venas
- 500 g de tomates verdes sin cáscara
- ¼ de taza (35 g) de cebolla blanca picada

- 1 cucharadita (4 g) de ajo pelado y picado finamente
- ¼ de taza (15 g) de hojas de cilantro frescas, picadas finamente
- 1¼ cucharaditas rasas (7.5 g) de sal
- 2 cucharadas (30 ml) de aceite

Procedimiento

1. Ponga a calentar el agua en una olla pequeña tapada. Cuando hierva a borbotones añada los chiles, tape la olla y deje que se cocinen por 5 minutos. Agregue los tomates, tape y cueza durante 5 minutos más hasta que los tomates estén bien cocidos, pero sin desbaratarse.

2. Retire del fuego, drene los chiles y los tomates y deje enfriar.

3. Licúe los chiles, los tomates, la cebolla, el ajo, el cilantro y la sal por 20 segundos o hasta obtener una salsa tersa con textura.

4. Caliente el aceite en una cacerola a fuego alto, añada la salsa y deje hervir. Baje el fuego y cocine por 5 minutos más moviendo de vez en cuando para que no se pegue. En este paso la salsa deberá estar suficientemente espesa, pero si la desea más ligera añada ¼ de taza de agua y ajuste de sal.

5. Sírvala en salsera o molcajete a temperatura ambiente.

Salsa verde

con epazote

Decidí incluir esta salsa verde muy sencilla del estado de Morelos porque, aunque en los estados del centro del país hay muchas recetas de salsas verdes, en realidad casi no hay ninguna salsa de mesa que contenga epazote.

En la receta anterior sustituya el cilantro por 4 ramas frondosas de epazote, retirándolas antes de servir.

Fresh Fava Bean Salsa with Serrano Chile

This is a completely rustic, rural salsa from San Felipe del Progreso in the State of Mexico. We Mexicans who live in cities have forgotten how many of the traditional recipes are vegetarian and low in fat. This salsa goes back to the times of when it was generously spread on a corn tortilla and could be the main part of breakfast or the midday meal.

In this case you need fresh, green fava beans, removed from the pod, which come inside of a skin or covering that encapsulates the fresh fava pulp; this skin should be kept on the beans in order to roast them on a comal or skillet.

Ingredients

- 4 oz/100 g of fresh fava beans removed from their pod but skin intact
- 2 (20 g) tablespoons roughly chopped white onion
- 1 (4 g) large garlic clove, peeled
- ½ teaspoon (3 g) salt
- 1 (10 g) roasted serrano chile stemmed, seeded and deveined
- 10 oz/250 g of tomatillos, husked and roasted

Procedure

1. Roast the fava beans on a comal or skillet over low flame. Be careful because they tend to explode and the skins will separate a little from the pulp. When black spots appear on both sides, remove them from the comal, let cool and peel.

Molcajete Version

1. Grind the onion, garlic and salt in a *molcajete*. Add the chile, continue to grind and little by little add the tomatillos.
2. Incorporate the fava beans and grind until crushed; the objective is to leave them in small irregular pieces. Taste and adjust for salt.
3. Serve at room temperature in the *molcajete*.

Blender Version

1. Blend the onion, garlic, serrano chile, tomatillos and salt to a homogenous or textured sauce. Add the fresh fava beans and blend until just broken up into the textured salsa.
2. Pour the preparation into a salsera dish, taste and adjust for salt.
3. Serve at room temperature.

Serrano Chile Salsa with Xoconostle

In the state of Guanajuato there are so many home recipes that use *xoconostle* (sour prickly pear) that they are hard to quantify. In general, they have an agreeable tangy and refreshing flavor provided by the *xoconostle*.

Ingredients

- 5 (8 oz/200 g) roasted *xoconostles* (sour prickly pear), peeled and without seeds
- 3 (1.2 oz/30 g) roasted serrano chiles stemmed, seeded and deveined
- 1 tablespoon (15 ml) oil
- ½ cup (4.1 fl oz/120 ml) water
- 1¼ teaspoons (7.5 g) salt
- 1 cup (6 oz/150 g) finely chopped white onion
- ⅓ cup (20 g) chopped fresh cilantro leaves

Procedure

1. Blend all the ingredients, except the onion and cilantro, to a textured or smooth salsa, to your liking.
2. Pour it into a bowl, add the onion and cilantro, mix, taste and adjust for salt.
3. Serve in a salsera dish at room temperature.

Salsa de habas verdes con chile serrano

Ésta es una salsa totalmente rústica y campesina de San Felipe del Progreso, Estado de México. Los mexicanos que habitamos en las ciudades hemos olvidado lo vegetariano y lo bajo en grasas de muchas recetas tradicionales. Esta salsa se remonta a los tiempos en que se untaba generosamente en una tortilla de maíz y podía ser la parte principal del desayuno o comida del mediodía.

En este caso se requieren habas verdes, frescas, fuera de su vaina, que vienen dentro de una piel o cáscara que encapsula la pulpa del haba fresca; esta piel se debe conservar para poder asarlas en comal.

Ingredientes

- 100 g de habas verdes desvainadas, con cáscara
- 2 cucharadas (20 g) de cebolla blanca, toscamente picada
- 1 (4 g) diente de ajo grande, pelado
- ½ cucharadita rasa (3 g) de sal
- 1 (10 g) chile serrano asado, sin pedúnculo, semillas ni venas
- 250 g de tomates verde sin cáscara, limpios y asados

Procedimiento

1. Ase las habas en un comal o sartén a fuego bajo. Tenga precaución, pues tienden a explotar y las cáscaras se separarán un poco de la pulpa. Cuando aparezcan grandes pecas negras de ambos lados, retírelas del comal o sartén, déjelas enfriar y pélelas.

Versión en molcajete

1. Muela en un molcajete la cebolla, el ajo y la sal. Agregue el chile, continúe moliendo y añada poco a poco los tomates.
2. Incorpore las habas y muela hasta que queden martajadas; el objetivo es dejarlas en trozos pequeños e irregulares. Pruebe y ajuste de sal.
3. Sirva a temperatura ambiente en el mismo molcajete.

Versión en licuadora

1. Licúe la cebolla, el ajo, el chile serrano, el tomate verde y la sal hasta obtener una salsa homogénea o martajada. Añada las habas verdes y licúe de nuevo sólo para que queden martajadas.
2. Vierta el preparado en una salsera, pruebe y ajuste de sal.
3. Sirva a temperatura ambiente.

Salsa de chile serrano con xoconostle

En el estado de Guanajuato existen tantas recetas caseras preparadas con xoconostle que es difícil cuantificarlas. En general todas tienen un agradable sabor ácido y refrescante que proporciona el xoconostle.

Ingredientes

- 5 (200 g) xoconostles asados, pelados y sin semillas
- 3 (30 g) chiles serranos asados, sin pedúnculo, semillas ni venas
- 1 (15 ml) cucharada de aceite
- ½ taza (120 ml) de agua
- 1¼ cucharaditas rasas (7.5 g) de sal
- 1 taza (150 g) de cebolla blanca picada finamente
- ⅓ de taza (20 g) de hojas de cilantro fresco picadas

Procedimiento

1. Licúe todos los ingredientes, excepto la cebolla y el cilantro, hasta que obtenga una salsa martajada o tersa, según su gusto.
2. Viértala en un tazón, añada la cebolla y el cilantro, mezcle, pruebe y ajuste de sal.
3. Sirva en una salsera a temperatura ambiente.

Salsa verde asada
Tomatillo Salsa – Roasted

Salsa de nuez
Pecan Salsa

Salsa verde cruda
Tomatillo Salsa – Raw

Salsa picosa de ajonjolí
Spicy Salsa with Sesame Seed

Salsa de habas verdes con chile serrano
Fresh Fava Bean Salsa with Serrano Chile

Salsa de chile amax a la yucateca
Amax Chile Salsa Yucatán Style

Amashito Chile Salsa

Tabasco Style —————————

This is a very simple recipe that is used to confer personality to many dishes from Tabasco, Chiapas and the states of the Yucatán Peninsula. Traditionally, it's made in a small earthenware bowl (*cajete*), some 4 or 5 inches in diameter, and the chiles are ground with a river stone, since in Tabasco *molcajetes* are not used for these types of salsas.

The amashito chile salsa is indispensable for the traditional cuisine of Tabasco; in this state stews and dishes are not spicy, and each diner personally adds the amount of chile desired. It's used to season grilled or fried mojarra (tilapia), grilled freshwater gar, beef stew and almost any dish: brothy or otherwise.

For this preparation, be sure to have plenty of lime juice available, since most leave the ground chiles aside and use only the lime juice to sprinkle over food. This salsa is never made in large quantities, since a little is enough for all the family.

Amashito chile is a traditional chile from Tabasco, it belongs to the piquín chile family, it's more often consume when green in color, but if not available, it can be substituted with fresh piquín, fresh serrano, fresh árbol or habanero chile; these last varieties should be chopped.

Ingredients

- 1 tablespoon (10 g) fresh whole amashito chiles
- 1¼ teaspoons (7.5 g) salt
- ⅓ cup (2.7 fl oz/80 ml) lime juice

Procedure

1. Place the chiles in a deep bowl or a *cajete* and mash them with the salt until well crushed but not ground.
2. Add the lime juice, stir, taste for salt and adjust if needed.

Amax Chile Salsa

Yucatán Style —————————

The name for amax chile is from the Mayan, and can be written in Spanish as *mas*, *amas*, *machito*, *macho*, *amashito* or *amachito*. The chiles are roasted, as it's believed that when eaten raw, they're hard on the stomach. The garlic cloves are roasted and left with the skins on; diners know that the skin is not eaten. It's usually made in a wooden mortar called a *kokoic* that has been substituted almost entirely by a small deep enamelware bowl.

Ingredients

- 1 (4 g) large garlic clove, roasted with its skin
- 1¼ teaspoons (7.5 g) salt
- 1 tablespoon (10 g) fresh *amax* chiles, lightly roasted, or 1 serrano
- ⅓ cup (2.7 fl oz/80 ml) Seville orange juice or lime juice

Procedure

1. In a small bowl, mash the garlic and salt; add the chile and mash it until crushed but still whole; add the Seville orange juice or lime and stir until the salt is perfectly diluted. Serve in a bowl or salsera dish at room temperature.

Salsa de chile amashito
a la tabasqueña

Ésta es una receta muy sencilla que sirve para darle personalidad a muchos guisos de Tabasco, Chiapas y estados de la península de Yucatán. Tradicionalmente se hace en un cajete pequeño, hecho de barro, de unos 10 o 12 centímetros de diámetro, y los chiles se machacan con una piedra de río, pues en Tabasco no se utilizan molcajetes para este tipo de salsas.

La salsa de chile amashito es indispensable dentro de la comida tradicional de Tabasco; en este estado los guisos no son picantes y cada comensal añade de forma personal la cantidad de chile que desee poner. Así es como se condimentan las mojarras asadas o fritas, el pejelagarto asado, el puchero de carne de res y prácticamente cualquier guiso seco o caldoso.

En este preparado debe asegurarse de tener bastante jugo de limón, pues una gran mayoría hace a un lado los chiles machacados y solamente ocupa el jugo de limón, que rocía sobre los alimentos. Esta salsa nunca se hace en grandes cantidades, pues un poco sirve para toda la familia.

El chile amashito es un chile típico de Tabasco, pertenece a la familia de los chiles piquines, la gran mayoría lo consume cuando está color verde, pero en caso de no tenerse, puede sustituirse por chile piquín fresco, chile serrano fresco, chile de árbol fresco o chile habanero; estos últimos deberán estar picados.

Ingredientes
- 1 cucharada (10 g) de chiles amashito frescos enteros
- 1¼ cucharaditas rasas (7.5 g) de sal
- ⅓ de taza (80 ml) de jugo de limón verde

Procedimiento
1. Coloque los chiles en un plato hondo o cajete y macháquelos con la sal hasta que queden martajados, pero no molidos.
2. Agregue el jugo de limón, mezcle, pruebe de sal y ajuste en caso de ser necesario.

Salsa de chile amax
a la yucateca

El nombre del chile *amax* viene del maya, y puede escribirse en español como mas, amas, machito, macho, amashito o amachito. Los chiles se asan porque se piensa que crudos caen pesados al estómago. Los ajos se asan y se dejan con todo y piel; los comensales saben que ésta no se come. Suele hacerse en un mortero de madera llamado *kokoic*, que ha sido sustituido casi en su totalidad por un platito hondo de peltre.

Ingredientes
- 1 (4 g) diente de ajo grande, asado con su piel
- 1¼ cucharaditas rasas (7.5 g) de sal
- 1 cucharada (10 g) de chiles *amax* frescos, ligeramente asados o 1 chile serrano
- ⅓ de taza (80 ml) de jugo de naranja agria o jugo de limón

Procedimiento
1. Machaque en un plato hondo pequeño el ajo y la sal; añada los chiles y macháquelos hasta que queden rotos, pero enteros; agregue el jugo de naranja agria o de limón y mezcle hasta que la sal se haya diluido totalmente. Sirva en un plato hondo o salsera a temperatura ambiente.

Manzano Chile
Salsa

This is an unusual salsa; though the manzano chile is very common in public markets in the country's central region, it's almost exclusively used sliced very thin, macerated in lime juice with salt and onion to create a kind of pico de gallo.

Ingredients

- 2 (9.6 oz/240 g) small ripe Roma tomatoes, roasted
- 1 (50 g) roasted manzano chile stemmed, seeded and deveined
- 3 (12 g) large garlic cloves, peeled
- ¼ cup (1.4 oz/35 g) finely chopped white onion
- ½ cup (4.1 oz/120 ml) water
- 1 teaspoon (6 g) salt
- 1 teaspoon (5 ml) oil

Procedure

1. Blend all the ingredients, except the oil, to a smooth or textured sauce, according to your taste.
2. In a small frying or saucepan, heat the oil and fry the salsa; allow it to boil, then lower the flame and cook it for 5 minutes. Taste, adjust for salt and remove from heat.
3. Serve at room temperature in a *salsera* dish.

Spicy Salsa
with Sesame Seed

Sesame is highly appreciated in the state of Veracruz; many dishes are prepared with it, such as pascal (a sesame sauce chicken stew, in one of its varieties) or the similar *tlatonile*. There are also a great variety of salsas with sesame, some mild and some very spicy. In some cases, they are so thick that they can be spread on *bolillo* rolls or corn tortillas.

Though I've warned that traditionally this is a very spicy salsa, its flavor can also be very agreeable by reducing the amount of chile.

Ingredients

- 16 oz/400 g of ripe tomatoes, roasted
- 5 (2 oz/50 g) roasted fresh árbol chiles stemmed, seeded and deveined
- ¾ cup (4 oz/100 g) toasted sesame seeds
- 1 sprig fresh cilantro
- ½ cup (4.1 fl oz/120 ml) water
- 1 teaspoon (6 g) salt

Procedure

1. Blend all the ingredients to a smooth and pasty consistency. Since this sauce is very thick, you will have to turn off the blender and mix with a spoon to help the metal blades blend everything. Taste and adjust for salt.

Salsa de chile

manzano

Ésta es una salsa poco usual; aunque el chile manzano es muy común en los mercados populares del centro del país, casi todo se destina para rebanarlo muy delgado y curarlo en jugo de limón con sal y cebolla para hacer una especie de pico de gallo.

Ingredientes

- 2 (240 g) jitomates guaje maduros, chicos, asados
- 1 (50 g) chile manzano asado, sin pedúnculo, semillas ni venas
- 3 (12 g) dientes de ajo grandes, pelados
- ¼ de taza (35 g) de cebolla blanca, picada finamente
- ½ taza (120 ml) de agua
- 1 cucharadita rasa (6 g) de sal
- 1 cucharadita (5 ml) de aceite

Procedimiento

1. Licúe todos los ingredientes, excepto el aceite, hasta obtener una salsa tersa o martajada según su gusto.
2. Caliente el aceite en un sartén u olla pequeña y añada la salsa; deje que hierva, baje el fuego y cueza por 5 minutos. Pruebe, ajuste de sal y retire del fuego.
3. Sirva a temperatura ambiente en una salsera.

Salsa picosa

de ajonjolí

El ajonjolí es muy apreciado en el estado de Veracruz, con él se hacen muchos guisos, como el pascal o tlatonile. También existen gran variedad de salsas con ajonjolí, unas suaves y otras muy picosas. En algunos casos son tan espesas que sirven para untarla en bolillos o tortillas de maíz.

Aunque he advertido que tradicionalmente ésta es una salsa muy picosa, su sabor se vuelve muy agradable también al disminuir la cantidad de chile.

Ingredientes

- 400 g de jitomates maduros, asados
- 5 (50 g) chiles de árbol frescos asados, sin pedúnculo, semillas ni venas
- ¾ de taza (100 g) de ajonjolí tostado
- 1 rama de cilantro fresco
- ½ taza (120 ml) de agua
- 1 cucharadita rasa (6 g) de sal

Procedimiento

1. Licúe todos los ingredientes hasta obtener una salsa de consistencia tersa y pastosa. Debido a que ésta es una salsa muy espesa, tendrá que parar el motor de la licuadora y mezclar con una cuchara para ayudar a las aspas a licuar todo. Pruebe y ajuste de sal.

Pecan Salsa

This is one more example of how infinite Mexican cuisine can be, using regional produce; in some states pumpkin seeds are used, in others sesame or peanut. This spicy salsa from the state of Morelos is very tasty and can achieve very subtle undertones in flavor by reducing the amount of chile suggested in the recipe.

The nut used is the multi-named *cáscara de papel* (paper-skin), *nuez encarcelada* (imprisoned), *nuez larga* (long), *nuez criolla* (creole) or *pacana*-pecan.

Ingredients

- 1 (4.8 oz/120 g) ripe Roma tomato, roasted
- 2 (20 g) roasted serrano chiles, stemmed, seeded and deveined
- 1½ cups (6 oz/150 g) shelled and chopped pecans
- 1 tablespoon (8 g) peeled and finely chopped garlic
- ¼ cup (1.4 oz/35 g) chopped white onion
- 1 cup (8.1 fl oz/240 ml) water
- 1 teaspoon (6 g) salt
- 2 tablespoons (12 g) fresh chopped cilantro leaves

Procedure

1. Blend the tomato, chiles, pecans, garlic, onion, water and salt, to a somewhat textured sauce, with a thick or pasty consistency. Mix with the cilantro, taste and adjust for salt.
2. Serve in a salsera dish at room temperature.

Pecan Salsa Pame Style

The Pame People that live in San Luis Potosí and Querétaro make this pecan salsa with piquín chile that, according to anthropologists, is called *gil'jyu gatung* in their native language.

The delicacy of this salsa reminds me of the fresh walnut sauce of Puebla. The fresh piquín chile can be substituted by any green chile.

Ingredients

- 1 cup (4 oz/100 g) shelled pecans, ground
- 6 fresh (6 g) or dried piquín chiles
- ¾ cup (6.1 fl oz/180 ml) water
- ½ teaspoon (3 g) salt

Procedure

1. Blend all the ingredients, taste and adjust for salt.
2. Serve at room temperature. This sauce's consistency is thick; in fact, the pecans can be ground to a rough texture.

Salsa de nuez

Ésta es una muestra más de lo infinita que puede ser la cocina mexicana utilizando productos regionales; en algunos estados se utiliza semilla de calabaza, en otros ajonjolí o cacahuate. Esta salsa picante del estado de Morelos es muy sabrosa y puede alcanzar tonos muy sutiles reduciendo la cantidad de chile que se sugiere en la receta.

La nuez que se utiliza es la llamada cáscara de papel, nuez encarcelada, nuez larga, nuez criolla o pacana.

Ingredientes

- 1 (120 g) jitomate guaje maduro, asado
- 2 (20 g) chiles serranos asados, sin pedúnculo, semillas ni venas
- 1½ tazas (150 g) de nueces peladas y picadas
- 1 cucharada (8 g) de ajo pelado y picado finamente
- ¼ de taza (35 g) de cebolla blanca picada
- 1 taza (240 ml) de agua
- 1 cucharadita rasa (6 g) de sal
- 2 cucharadas (12 g) de hojas de cilantro fresco picadas

Procedimiento

1. Licúe el jitomate, los chiles, las nueces, el ajo, la cebolla, el agua y la sal, hasta obtener una salsa molida con cierta textura, de consistencia espesa o pastosa. Mezcle con el cilantro, pruebe y ajuste de sal.
2. Sirva en una salsera a temperatura ambiente.

Salsa de nuez pame

Los pames que habitan San Luis Potosí y Querétaro hacen esta salsa de nuez pacana con chile piquín que, de acuerdo con los antropólogos, en su lengua nativa, se escribe *gil'jyu gatung*.

La delicadeza de esta salsa me recuerda a la de nogada de Puebla. El chile piquín fresco puede sustituirse por cualquier chile verde.

Ingredientes

- 1 taza (100 g) de nueces picadas sin cáscara
- 6 (6 g) chiles piquín frescos o secos
- ¾ de taza (180 ml) de agua
- ½ cucharadita rasa (3 g) de sal

Procedimiento

1. Licúe todos los ingredientes, pruebe y ajuste de sal.
2. Sirva a temperatura ambiente. La consistencia de esta salsa resulta espesa; de hecho, las nueces pueden quedar martajadas.

Salsas with Dried Chiles

Salsas con chiles secos

Salsas with Dried Chiles

Salsas with dried chiles are characterized by their flavor. The different chiles and their processing give each one particular flavors. Thus, a salsa with dried árbol chile will be very different from one created with catarino chile or with smoked chipotle.

Basically, in this section we cover the following types of salsas: salsas *borrachas* ("drunken" salsas), salsas with *xoconostle (sour prickly pear)*, salsas with smoked chiles and special salsas.

The "drunken" salsas are distinctive of the country's central region. Traditionally they are made with pasilla chile and *pulque* (a fermented beverage), hence the name *borracha*, drunken. We Mexicans emphasize greatly the "drunken" side of these salsas because there are few traditional dishes made with wine or liquor. Everything seems to indicate that this is the only traditional salsa made with some type of alcoholic beverage.

In the section on salsas with *xoconostle*, you'll find the Xocochile and the *Xoconostle* Salsa with Árbol Chile. In other sections of this book you will find other salsas made with *xoconostle*.

Salsas made with smoked chiles are highly regarded and favored by Mexican palates. There are several types of chiles, among which you will find chipotle and its variations, such as the *meco*, the *tamarindo*, the rojo, the *navidad* (Christmas), the *mora*, the *morita* and the Oaxacan pasilla (pasilla de Oaxaca).

The "special salsas" are characterized by a particular ingredient or technique in their making, such as Salsa Macha with Peanut or Salsa Brava Tarahumara.

Contents

Salsas con chiles secos

Las salsas con chiles secos se caracterizan por su sabor. Los diferentes chiles y su procesamiento otorgan a cada una sabores particulares. Así, una salsa con chile de árbol seco será muy diferente a una preparada con chile catarino o chile chipotle ahumado.

Básicamente, en esta sección se mencionan los siguientes tipos de salsas: salsas borrachas, salsas con xoconostle, salsas de chiles ahumados y salsas especiales.

Las salsas borrachas son distintivas del centro del país. Tradicionalmente están elaboradas con chile pasilla y pulque, de ahí su nombre de borracha. Los mexicanos hacemos mucho énfasis en lo "borracho" porque hay pocos platillos tradicionales que se hacen con vino o licor. Todo parece indicar que ésta es la única salsa tradicional elaborada con algún tipo de bebida alcohólica.

Entre las salsas con xoconostle se encuentran en esta sección el xocochile y la salsa de xoconostle con chile de árbol. En otras secciones de este libro podrá encontrar otras salsas elaboradas con xoconostle.

Las salsas de chiles ahumados gozan de una gran predilección en el gusto de los mexicanos. Existen varios tipos de chiles, entre los que se encuentran el chile chipotle y sus variantes, como el meco, el tamarindo, el rojo, el navidad, el mora, morita y pasilla oaxaqueño.

Las salsas especiales se caracterizan por tener algún ingrediente o técnica particular en su elaboración, tales como la salsa macha con cacahuate, la salsa de semilla de chile pasilla o la salsa brava tarahumara.

Contenido

Roasted Chipotle Salsa

with Tomatillo

A compendium of chipotle salsas would be incomplete without this version with tomatillo. In my travels through the country's central region, I've stumbled on this recipe so many times that, because it is so common, I nearly left it out of this collection.

Originally, as with all traditional salsas, this one is made in a *molcajete*.

Ingredients

- 3 (15 g) large red chipotle chiles, stemmed, seeded, deveined and roasted
- 4 (10 oz/250 g) tomatillos, husked, roasted or cooked
- 2 (8 g) large garlic cloves, roasted in their skin and then peeled
- ¼ cup (2 fl oz/60 ml) water
- 1 teaspoon (6 g) salt

Procedure

1. Blend all the ingredients to a smooth or textured sauce, according to your taste. Taste and adjust for salt.
2. Serve in a *salsera* dish at room temperature.

Roasted Chipotle Salsa

with Tomato

Recipes like this, or similar ones, with innumerable variations, are made in the central region of the country where chipotle is a great favorite. It should be noted that there are many varieties of this chile: sometimes you'll find it a brown color with a woody textured skin, and in other cases its color is somewhere between shades of red and a very dark wine red; both have different characteristics, however, both have a smoky flavor and aroma, and it's not a problem using one or the other. A sister salsa of this one is the "Roasted Chipotle Salsa with Tomatillo". It should be spicy; but if you want it milder, remove the seeds and veins from the chiles. It keeps for up to 5 days in refrigeration.

Ingredients

- 2 (10 g) large red chipotle chiles, stemmed, seeded, deveined and roasted
- 2 (10 oz/250 g) ripe Roma tomatoes, roasted
- 2 (8 g) large garlic cloves, roasted in their skin and then peeled
- ¼ cup (2 fl oz/60 ml) water
- 1 teaspoon (6 g) salt

Procedure

1. Blend all the ingredients for 2 minutes until you have a smooth sauce. Taste and adjust for salt.
2. Serve in a *salsera* dish at room temperature.

Salsa de chile chipotle

asado con tomate verde

Una recopilación de recetas de salsas de chile chipotle estaría incompleta sin esta versión con tomate verde. En el recorrido que he hecho por el centro del país me he tropezado con esta receta tantas veces que, por común, estuve a punto de dejarla fuera de esta colección.

Al igual que las salsas tradicionales, originalmente ésta se hace en molcajete.

Ingredientes

- 3 (15 g) chiles chipotle rojos grandes, sin pedúnculo, semillas ni venas, asados
- 4 (250 g) tomates verdes sin cáscara, asados o cocidos
- 2 (8 g) dientes de ajo grandes asados en su cáscara, pelados
- ¼ de taza (60 ml) de agua
- 1 cucharadita rasa (6 g) de sal

Procedimiento

1. Licúe todos los ingredientes hasta obtener una salsa martajada o tersa, según su gusto. Pruebe y ajuste de sal.
2. Sirva en una salsera a temperatura ambiente.

Salsa de chile chipotle

asado con jitomate

Recetas como ésta o similares, con innumerables variaciones, se hacen en los estados del centro del país, donde el chile chipotle es un gran favorito. Cabe mencionar que hay muchas variedades de este chile, a veces lo encontrará de tono café con piel de textura leñosa, y en otros casos de tonos entre rojo y vino muy oscuro; ambos tienen diferentes características, sin embargo, los dos son de sabor y olor ahumados, no hay problema al utilizar uno u otro. Una salsa hermana de ésta es la "Salsa de chile chipotle asado con tomate verde". Debe ser picosa, pero si la desea más suave, retire las semillas y las venas de los chiles. Se conserva 5 días en refrigeración.

Ingredientes

- 2 (10 g) chiles chipotle rojos grandes, sin pedúnculo, semillas ni venas, asados
- 2 (250 g) jitomates guaje maduros, asados
- 2 (8 g) dientes de ajo grandes asados en su cáscara, pelados
- ¼ de taza (60 ml) de agua
- 1 cucharadita rasa (6 g) de sal

Procedimiento

1. Licúe todos los ingredientes por 2 minutos hasta obtener una salsa tersa. Pruebe y ajuste de sal.
2. Sirva en una salsera a temperatura ambiente.

Chipotle Adobado Salsa

It's undeniable that the majority of chipotles consumed in Mexico are marinated (*adobado*) and canned. My mother taught me this recipe from Coatzacoalcos, Veracruz, where some distant relatives prepare it as the daily table salsa.

Ingredients

- 2 (10 oz/250 g) ripe Roma tomatoes, roasted
- 3 (1.2 oz/30 g) guajillo chiles, stemmed, seeded, deveined and roasted
- 3 (12 g) large garlic cloves, roasted in their skin and then peeled
- ¼ (2 oz/50 g) white onion, roasted
- 2 tablespoons (1.6 oz/40 g) sugar

- 1 teaspoon (2 g) oregano
- 2 cups (16.2 fl oz/480 ml) water
- ½ teaspoon (3 g) salt
- 6 (3.2 oz/80 g) chipotles in *adobo* sauce (*chipotles adobados, en adobo*)

Procedure

1. Place the tomatoes in a small saucepan with the guajillo chiles, garlic, onion, sugar, oregano, water and salt. Cover the pan, let boil and cook for 15 minutes. Remove from heat and let cool.
2. Blend all the ingredients with the chipotles to a smooth sauce that doesn't require straining. Taste and adjust for salt.
3. Serve in a salsera dish at room temperature.

Mora Chile Salsa for Tacos

This sauce's original name is Mora Chile Salsa, but today it's better known as salsa for tacos (*salsa taquera*), because it's a very important salsa for accompanying tacos al pastor; in fact, there are people who make it under the registered name of *Salsa Taquera* (salsa for tacos).

From one taco shop to another, it's very hard to distinguish if it's made with árbol chile or with mora chile; supposedly, the original *salsa taquera* is made with árbol chile, but many taco cooks have confessed to me that they use mora or even morita chiles.

One of the great tricks to this salsa's color is due to using guajillo chile, which provides the red color and the consistency.

In my view, the mora chile from Mexico City is the same chile that in other regions of the country is known as *chile chipotle rojo chico* (small red chipotle).

Ingredients

- 3 (9 g) mora chiles, stemmed, seeded, deveined and roasted
- 2 (20 g) guajillo chiles, stemmed, seeded, deveined and roasted
- 3 (12 g) large garlic cloves, peeled

- 1 teaspoon (6 g) salt
- 5 (12 oz/300 g) tomatillos, husked and well roasted
- ⅓ cup (2.7 fl oz/80 ml) water

Procedure

1. Soak the chiles in water for 20 minutes.

Blender Version

1. Blend all the ingredients for 2 minutes or to a smooth sauce. Taste for salt and adjust to taste.
2. Serve in a *salsera* dish at room temperature.

Molcajete Version

1. Place the garlic and salt in a molcajete. Mash and grind with the pestle to a puree; add the chiles and crush until everything is well ground; add the tomatoes and grind until you have the desired texture, be it textured or well ground. If it's too thick, add water.
2. Serve at room temperature in the same *molcajete* in which it was made.

Salsa de chile chipotle adobado

No se puede negar que la mayoría de los chiles chipotle que se consumen en México son adobados y enlatados. Esta receta me la enseñó mi mamá de Coatzacoalcos, Veracruz, donde unas parientas lejanas la preparan como la salsa de diario.

Ingredientes

- 2 (250 g) jitomates guaje maduros, asados
- 3 (30 g) chiles guajillo sin pedúnculo, semillas ni venas, asados
- 3 (12 g) dientes de ajo grandes, asados en su cáscara, pelados
- ¼ (50 g) de cebolla blanca asada
- 2 cucharadas (40 g) de azúcar
- 1 cucharadita (2 g) de orégano
- 2 tazas (480 ml) de agua
- ½ cucharadita rasa (3 g) de sal
- 6 (80 g) chiles chipotle adobados

Procedimiento

1. Coloque los jitomates en una olla pequeña con los chiles guajillo, los ajos, la cebolla, el azúcar, el orégano, el agua y la sal. Tape, deje hervir y cueza por 15 minutos. Retire del fuego y deje enfriar.
2. Licúe todos los ingredientes con los chiles chipotle adobados hasta obtener una salsa tersa que no sea necesario colar. Pruebe y ajuste de sal.
3. Sirva en una salsera a temperatura ambiente.

Salsa taquera con chile mora

El nombre original de esta salsa es salsa de chile mora, pero ahora se conoce más como salsa taquera, porque es una salsa muy importante para acompañar los tacos al pastor; de hecho, ya hay quienes la fabrican bajo el nombre registrado de Salsa Taquera.

Entre taquería y taquería es muy difícil distinguir si está hecha con chile de árbol o con chile mora; se supone que la salsa taquera original se hace con chile de árbol, pero muchos taqueros me han confesado que utilizan chile mora e incluso morita.

Uno de los grandes trucos del color de esta salsa se debe a la utilización del chile guajillo, que aporta el color rojo y la consistencia.

Para mí, el chile mora de la Ciudad de México es el mismo chile que en otras regiones del país se conoce como chile chipotle rojo chico.

Ingredientes

- 3 (9 g) chiles mora sin pedúnculo, semillas ni venas, asados
- 2 (20 g) chiles guajillo sin pedúnculo, semillas ni venas, asados
- 3 (12 g) dientes de ajo grandes, pelados
- 1 cucharadita rasa (6 g) de sal
- 5 (300 g) tomates verdes sin cáscara, bien asados
- ⅓ de taza (80 ml) de agua

Procedimiento

1. Remoje los chiles en agua por 20 minutos.

Versión en licuadora

1. Licúe todos los ingredientes por 2 minutos o hasta obtener una salsa tersa. Pruebe y ajuste de sal al gusto.
2. Sirva en una salsera a temperatura ambiente.

Versión en molcajete

1. Coloque los ajos y la sal en un molcajete. Con el tejolote machaque y muela hasta obtener un puré; añada los chiles y triture hasta que todo quede bien molido; agregue los tomates y muela hasta obtener la textura deseada, martajada o bien molida. Agregue agua en caso de que esté muy espesa.
2. Sirva a temperatura ambiente en el mismo molcajete en el que se hizo.

Oaxacan Pasilla Chile Salsa

Due to the fact that there isn't a unique recipe for Oaxacan pasilla chile salsa in the Central Valleys of Oaxaca, I decided to include this other version, of which in turn, there are many variations. Traditionally it uses small tomatillos that are known as *miltomates*, that is, the tomatillos that grow in the corn field or *milpa*, that are usually small, juicy, acid and sweet at the same time; the *miltomates* can be substituted by regular tomatillos. This sauce has a milder flavor that the one before, but still spicy. You can leave the seeds and veins in to make it spicier, or increase the amount of chiles, but I believe my quantities are correct.

Ingredients

- 3 cups (24.3 fl oz/720 ml) water
- 10 oz/250 g *miltomates* or tomatillos, husked
- 3 (1.2 oz/30 g) large top grade Oaxacan pasilla chiles, stemmed, seeded and deveined
- 4 (12 g) garlic cloves, roasted in their skin and then peeled
- 1 teaspoon (6 g) salt

Procedure

1. Heat the water over high flame in a small saucepan. When it boils, add the *miltomates* or tomatillos, cover the saucepan and cook for 10 minutes. Remove from flame, discard the water and let cool.

2. Using tongs, take a chile, position it directly over the flame, singeing it on every side, but taking care to not burn it. Repeat this step with the remaining chiles. Break them up a little and soak the chiles in ½ cup hot water.

3. Blend the *miltomates* and the chiles with the water they soaked in, along with the garlic and salt to a smooth or textured sauce, according to your choice. Taste and adjust for salt.

4. Serve at room temperature in a *salsera* dish.

Classic Salsa Borracha

The recipe that will now be described is very much in the style of the states of Hidalgo, Tlaxcala, Querétaro, Puebla, the State of Mexico and Mexico City, where there has been and is still found a deep-rooted *pulque* and *barbacoa* tradition.

Father Julián Pablo made this recipe available to me; an enthusiastic parish priest of the Church and Ex-Convent of Santo Domingo in Mexico City's Historical Center, and a keen aficionado of Mexican cuisine.

In many restaurants it's customarily served in a *salsera* dish, garnished with strips of *añejo* or *panela* cheese and sliced avocado.

Ingredients

- ½ cup (4.1 fl oz/120 ml) plain white *pulque* or blonde beer
- ½ cup (4.1 fl oz/120 ml) orange juice
- 4 (1.6 oz/40 g) large pasilla chiles, stemmed, seeded, deveined and roasted
- ¼ cup (3 oz/75 g) chopped white onion
- 1 (4 g) large garlic clove, roasted in its skin and then peeled
- ¾ teaspoon (4.5 g) salt
- ¼ cup (2 fl oz/60 ml) water
- 4 oz/100 g *añejo* cheese in strips, optional
- 1 (10 oz/250 g) small avocado, sliced, optional

Procedure

1. In a small saucepan, at medium flame, heat the pulque and the orange juice. Break up the chiles by hand and add them to the *pulque*; cover the pan and cook for 10 minutes or until the chiles are soft; remove from heat and let cool.

2. Blend the chiles with the liquid in which they were cooked, along with the onion, garlic, salt and the water to a smooth sauce that does not require straining. Taste and adjust for salt. Serve at room temperature in a *salsera* dish.

3. If you like, you can garnish the surface of the salsa with strips *añejo* or *panela* cheese and slices of avocado.

Salsa de chile pasilla oaxaqueño

Debido a que no existe una sola receta de salsa de chile pasilla oaxaqueño en los Valles Centrales de Oaxaca, decidí añadir esta otra versión, de la que a su vez existen muchas variantes. Tradicionalmente se utilizan unos pequeños tomates verdes que se conocen como miltomates, es decir, son los tomates que crecen en la milpa, que suelen ser pequeños, jugosos, ácidos y dulces al mismo tiempo; los miltomates se pueden sustituir por tomate verde de cáscara. Esta salsa es de sabor suave sin dejar de ser picante. Se pueden dejar las semillas y venas o agregar más chiles para hacerla más picante, pero creo que mis cantidades son correctas.

Ingredientes

- 3 tazas (720 ml) de agua
- 250 g de miltomates o tomates verdes sin cáscara
- 3 (30 g) chiles pasilla oaxaqueños de primera calidad, grandes, sin pedúnculo, semillas ni venas
- 4 (12 g) dientes de ajo, asados con su piel y luego pelados
- 1 cucharadita rasa (6 g) de sal

Procedimiento

1. Caliente el agua a fuego alto en una olla pequeña. Cuando hierva, añada los miltomates o tomates, tape y deje cocer por 10 minutos. Retire del fuego, deseche el agua y deje enfriar.
2. Sujete un chile con unas pinzas, póngalo directamente sobre la lumbre chamuscándolo por todos lados, pero cuide de no quemarlo. Repita este paso con los demás chiles. Rómpalos un poco y remoje los chiles en ½ taza de agua caliente.
3. Licúe los miltomates y los chiles con el agua de remojo, los ajos y la sal hasta obtener una salsa tersa o martajada, según su elección. Pruebe y ajuste de sal.
4. Sirva a temperatura ambiente en una salsera.

Salsa borracha clásica

La receta que a continuación se describe es muy del estilo de los estados de Hidalgo, Tlaxcala, Querétaro, Puebla, Estado de México y Ciudad de México, en donde ha existido una gran tradición pulquera y de barbacoa.

Esta receta me fue proporcionada por el padre Julián Pablo, entusiasta párroco de la Iglesia y Ex Convento de Santo Domingo, en el Centro Histórico de la Ciudad de México, quien es un gran aficionado de la comida mexicana.

En muchos restaurantes acostumbran servirla en una salsera adornada con tiras de queso añejo o panela y aguacate rebanado.

Ingredientes

- ½ taza (120 ml) de pulque blanco natural o cerveza clara
- ½ taza (120 ml) de jugo de naranja
- 4 (40 g) chiles pasilla grandes sin pedúnculo, semillas ni venas, asados
- ¼ de taza (75 g) de cebolla blanca picada
- 1 (4 g) diente de ajo grande asado en su piel, pelado
- ¾ de cucharadita rasa (4.5 g) de sal
- ¼ de taza (60 ml) de agua
- 100 g de queso añejo en tiras, opcional
- 1 (250 g) aguacate chico, rebanado, opcional

Procedimiento

1. Caliente a fuego medio el pulque y el jugo de naranja en una olla pequeña. Rompa los chiles con las manos y agréguelos al pulque con jugo de naranja; tape y cueza por 10 minutos o hasta que los chiles estén suaves; retire del fuego y deje enfriar.
2. Licúe los chiles con todo y el líquido donde se cocieron, la cebolla, el ajo, la sal y el agua hasta obtener una salsa tersa que no sea necesario colar. Pruebe y ajuste de sal al gusto. Sirva a temperatura ambiente en una salsera.
3. Si lo desea, puede adornar la superficie de la salsa con tiras de queso añejo o panela y rebanadas de aguacate.

Salsa Borracha

from San Rafael, State of Mexico

In the town of San Rafael, near Ixtapaluca, on the slopes of the volcano Iztaccíhuatl in the State of Mexico, this salsa is made to use with consommé and *barbacoa* tacos. It's very hard for me to say which of all the *salsas borrachas* I like the best, but this is definitely one of my favorites, especially because the sliced onions and the cheese combine with the salsa and marinate with the chile mixture. I should clarify that the chiles are completely raw.

Ingredients

- 6 (2,4 oz/60 g) pasilla chiles, stemmed, seeded and deveined, in small pieces
- 2 cups (16. 2 fl oz/480 ml) plain white *pulque* or beer
- 4 (16 g) large garlic cloves, roasted in their skin and then peeled

- 1¼ teaspoons (7.5 g) salt
- 1 cup (3 oz/75 g) sliced white onion
- 1 cup (8 oz/200 g) crumbled *panela* or *ranchero* (fresh farm cheese) cheese

Procedure

1. Soak the chiles in the *pulque* until they soften. Blend them with the garlic and salt until they're completely ground.
2. In a bowl, mix the salsa with the onion and ¾ cups of the cheese. Taste and adjust for salt. Serve in a *salsera* dish and decorate with the remaining cheese.

Salsa Borracha with Xoconostle

Guanajuato Style

Although the family of borracha salsas is quite big and all seem the same, this Guanajuato version is truly different and it's another of my great favorites. It should be noted that this is perhaps the only *salsa borracha* that is not made with pasilla chile.

Ingredients

- 5 (8 oz/200 g) *xoconostles* (sour prickly pear), roasted, peeled and without seeds
- 1 (4 g) large garlic clove, peeled
- 3 (30 g) guajillo chiles, stemmed, seeded, deveined and roasted
- 1 cup (8. 1 fl oz/240 ml) plain white *pulque* or blonde beer

- 1¼ teaspoons (7.5 g) salt
- ½ cup (3 oz/75 g) chopped white onion, optional
- ¼ cup (15 g) chopped fresh cilantro leaves, optional
- 1 (10 oz/250 g) large ripe Hass avocado, optional

Procedure

1. Blend the *xoconostles*, garlic, chiles, *pulque* and salt to a textured or fine sauce, according to your liking.
2. Pour into a bowl, add the onion and the cilantro, mix until everything is incorporated, taste and adjust for salt.
3. Serve in a *salsera* dish. If desired, it can be accompanied with avocado slices.

Salsa borracha

de San Rafael, Estado de México

En el poblado de San Rafael, cerca de Ixtapaluca, a las faldas del Iztaccíhuatl, en el Estado de México, se hace esta salsa para el consomé y tacos de barbacoa. Es muy difícil para mí decir cuál de todas las salsas borrachas me gusta más, pero definitivamente ésta es una de mis grandes favoritas, especialmente porque las cebollas rebanadas y el queso se mezclan con la salsa y se marinan con la mezcla de chiles. Aclaro que los chiles están totalmente crudos.

Ingredientes

- 6 (60 g) chiles pasilla sin pedúnculo, semillas ni venas, en trozos chicos
- 2 tazas (480 ml) de pulque blanco natural o cerveza
- 4 (16 g) dientes de ajo grandes asados en su piel, pelados
- 1¼ cucharaditas rasas (7.5 g) de sal
- 1 taza (75 g) de cebolla blanca rebanada
- 1 taza (200 g) de queso panela o ranchero desmoronado

Procedimiento

1. Remoje los chiles en el pulque hasta que se suavicen. Licúelos con los ajos y la sal hasta que queden completamente molidos.
2. Mezcle en un tazón la salsa con la cebolla y ¾ de taza del queso. Pruebe y ajuste de sal. Sirva en una salsera y adorne con el queso restante.

Salsa borracha con xoconostle

de Guanajuato

Aunque la familia de las salsas borrachas es muy grande y todas parecieran iguales, esta versión guanajuatense es verdaderamente diferente y otra de mis grandes favoritas. Cabe hacer notar que ésta es tal vez la única salsa borracha que no se hace con chile pasilla.

Ingredientes

- 5 (200 g) xoconostles asados, pelados y sin semillas
- 1 (4 g) diente de ajo grande, pelado
- 3 (30 g) chiles guajillo sin pedúnculo, semillas ni venas, asados
- 1 taza (240 ml) de pulque blanco natural o cerveza clara
- 1¼ cucharaditas rasas (7.5 g) de sal
- ½ taza (75 g) de cebolla blanca picada, opcional
- ¼ de taza (15 g) de hojas de cilantro fresco picadas, opcional
- 1 (250 g) aguacate Hass grande, maduro, opcional

Procedimiento

1. Licúe los xoconostles, el ajo, los chiles, el pulque y la sal hasta obtener una salsa martajada o fina, según su preferencia.
2. Vierta en un tazón, añada la cebolla y el cilantro, mezcle hasta que quede todo incorporado, pruebe y ajuste de sal.
3. Sirva en una salsera. Si desea puede acompañar con rebanadas de aguacate.

Salsa pilico
Salsa Pilico

Salsa del agricultor
Salsa del Agricultor

Salsa de chile puya de Michoacán
Puya Chile Salsa from Michoacán

Salsa de chile cascabel con tomate verde
Cascabel Chile Salsa with Tomatillo

Salsa de chile de árbol seco estilo Morelos
Dried Árbol Chile Salsa Morelos Style

Salsa para pozole
Salsa for Pozole

Red Guajillo Chile Salsa

This is a traditional salsa from the state of Morelos.

Ingredients

- 2 (10 oz/250 g) ripe Roma tomatoes, roasted
- 10 (4 oz/100 g) guajillo chiles, stemmed, seeded, deveined and roasted
- 3 cups (24.3 fl oz/720 ml) hot water
- 1/4 (2 oz/50 g) white onion
- 1 (4 g) large garlic clove, peeled
- ¼ teaspoon (1 g) cumin
- 1 teaspoon (6 g) salt
- 2 tablespoons (1 fl oz/30 ml) olive oil

Procedure

1. Cook the tomatoes and the chiles in the water, covered, for 20 minutes. Remove from heat and let cool.
2. Blend the tomato, chiles, 2 ½ cups of the water in which the chiles were cooked, the onion, garlic, cumin and salt to a very smooth sauce that doesn't require straining.
3. In a small saucepan heat the oil and add the salsa. Bring to a boil, lower the flame and cook for 10 minutes. Remove from the heat, taste and adjust for salt.
4. Serve in a *salsera* dish.

Cascabel Chile Salsa

with Tomatillo

One of the great mysteries common to taco shops, small eateries and restaurants, and places serving *antojitos* are their salsas; one never really knows what chiles are used, because the combinations can be infinite. Salsas like these appear sometimes in diverse places and nobody ever really notices what they are made of. When you ask the people in charge, "what is this salsa made of?" They answer only with the name of the main chile, and never clarify what other ingredients it has.

This version is similar to the Cascabel Chile Salsa with Tomato, but it's surprising how different a salsa can taste due to the simple fact of changing one ingredient!

It should be noted that in the Huasteca region of San Luis Potosí, Tamaulipas and Veracruz, the guajillo chile is known as cascabel chile, so they mustn't be confused. Cascabel chiles have a spherical shape and measure around ¾ inches in diameter in their broadest part.

Ingredients

- 12 (2.4 oz/60 g) cascabel chiles, stemmed, seeded and deveined
- 4 (10 oz/250 g) tomatillos, husked and roasted
- 3 (9 g) small garlic cloves, peeled and chopped
- 1 teaspoon (6 g) salt
- ¾ cup (6.1 fl oz/180 ml) water

Procedure

1. On a comal or frying pan over a low flame toast the chiles little by little only on their shiny side, making sure not to burn them. Remove from heat and let cool.
2. Chop the tomatoes and blend them with the chiles, garlic, salt and water until you have a textured or very smooth sauce, according to your preference. Taste and adjust for salt to taste. Serve at room temperature in a *salsera* dish.

Note: It can be made in exactly the same way with Roma tomatoes.

Salsa roja de chile guajillo

Ésta es una salsa tradicional del estado de Morelos.

Ingredientes

- 2 (250 g) jitomates guaje maduros, asados
- 10 (100 g) chiles guajillo sin pedúnculo, semillas ni venas, asados
- 3 tazas (720 ml) de agua caliente
- ¼ (50 g) de cebolla blanca

- 1 (4 g) diente de ajo grande, pelado
- ¼ de cucharadita (1 g) de comino
- 1 cucharadita rasa (6 g) de sal
- 2 cucharadas (30 ml) de aceite de oliva

Procedimiento

1. Cueza los jitomates y los chiles en el agua, tapados, por 20 minutos. Retire del fuego y deje enfriar.
2. Licúe el jitomate, los chiles, 2 ½ tazas del agua donde se cocieron los chiles, la cebolla, el ajo, el comino y la sal hasta obtener una salsa muy tersa que no sea necesario colar.
3. Caliente el aceite en una olla pequeña y vierta la salsa. Cuando hierva, baje el fuego y cueza por 10 minutos. Retire del fuego, pruebe y ajuste de sal.
4. Sirva en una salsera.

Salsa de chile cascabel

con tomate verde

Uno de los grandes misterios que tienen las taquerías, las fondas, los restaurantes y los lugares de antojitos, son las salsas; uno nunca sabe en realidad qué chiles se utilizan, porque las combinaciones pueden ser infinitas. Salsas como éstas a veces aparecen en diversos lugares y nunca nadie repara en con qué están hechas. Cuando se les pregunta a las personas "¿de qué es la salsa?", solamente contestan el nombre del chile principal, y nunca se aclara qué otros ingredientes contiene.

Esta versión es muy similar a la salsa de chile cascabel con jitomate; es sorprendente qué distinto puede saber una salsa por el simple hecho de cambiar un ingrediente.

Cabe mencionar que en la Huasteca potosina, tamaulipeca y veracruzana, al chile guajillo se le conoce como chile cascabel, por lo que no habrá que confundirlos. Los chiles cascabel son de forma esférica y miden unos 2 centímetros de diámetro en su parte más ancha.

Ingredientes

- 12 (60 g) chiles cascabel sin pedúnculo, semillas ni venas
- 4 (250 g) tomates verdes sin cáscara, asados
- 3 (9 g) dientes de ajo chicos, pelados y troceados

- 1 cucharadita rasa (6 g) de sal
- ¾ de taza (180 ml) de agua

Procedimiento

1. Tueste a fuego bajo en un comal o sartén poco a poco los chiles, únicamente del lado brillante, cuidando de no quemarlos. Retírelos del fuego y déjelos enfriar.
2. Trocee los tomates y licúelos con los chiles, los ajos, la sal y el agua hasta lograr una salsa martajada o muy tersa, según su preferencia. Pruebe y ajuste de sal al gusto. Sirva a temperatura ambiente en una salsera.

Nota: Esta salsa se puede hacer de la misma forma con jitomate guaje.

Red Costeño Chile Salsa

This is truly a delicious salsa that goes well with any grilled meat or chicken breast, not to mention any kind of taco. I've left open the possibility of making it with *miltomates* or tomatillos, or also, with red tomato. If you make it with authentic *miltomates*, the sauce will have a sweeter flavor; cultivated tomatillos will confer an agreeable flavor to the sauce. If made with tomato the salsa will be red and also different, but not less tasty.

Another possibility for this salsa, that is also very delicious, is simmering the tomatillos or the tomatoes.

Ingredients

- 1 cup (240 ml) water
- 10 oz/250 g *miltomates*, *tomatillos* or tomatoes, roasted
- 3 (15 g) large red costeño chiles, stemmed, seeded, deveined and roasted
- 1 (4 g) large garlic clove, peeled
- ¼ cup (1.4 oz/35 g) finely chopped white onion
- ¼ cup (15 g) finely chopped fresh cilantro leaves
- 1 teaspoon (6 g) salt

Procedure

1. Heat the water in a small saucepan, over high flame to a boil; add the *miltomates*, tomatillos or tomatoes, the roasted chiles, cover and cook for 10 minutes; remove from heat and let cool.
2. Blend the miltomates, tomatillos or tomatoes, with the chiles, garlic and ⅓ cup of the water the chiles were cooked in, to a smooth consistency that doesn't require straining. Pour the salsa into a bowl and add the onion, cilantro and salt. Mix, taste and adjust for salt to taste.
3. Serve at room temperature in a *salsera* dish.

Puya Chile Salsa from Michoacán

The state of Michoacán has always fascinated me because of its indigenous people, its large basket-making and textile productions and all of their great arts and crafts. Many years ago I learned this recipe in San Francisco Uricho, a small village on the shores of Lake Pátzcuaro, where today there is a group of some 25 Purépecha women dedicated to preserving the culture, the language and the traditions of their people.

The sisters Francisca and Esther de la Luz, who are part of the group I mentioned, taught me just how fascinating a salsa can be that uses two types of chiles and tomatillo with red tomato.

It should be noted that this is a very rustic salsa in which big pieces of *molcajete* ground tomatillo and tomato remain.

Ingredients

- 2 (20 g) guajillo chiles, stemmed, seeded, deveined and roasted
- 4 (20 g) puya chiles, stemmed, seeded, deveined and roasted
- 1¼ teaspoons (7.5 g) salt
- 2 (8 g) peeled garlic cloves
- 4 (10 oz/250 g) tomatillos, husked
- 1 (6 oz/125 g) Roma tomato

Procedure

1. Break up the chiles by hand and soak in enough hot water to cover for 25 minutes or until softened.
2. Place a little salt and the garlic cloves in a *molcajete*, and grind to a puree. Add the chiles and grind as thoroughly as possible until they are well ground.
3. Add the tomatillos and the tomato and continue mashing until everything is crushed. Taste and adjust for salt.
4. Serve in the same *molcajete* you used for preparing the salsa.

Salsa de chile costeño rojo

Verdaderamente ésta es una salsa deliciosa que le va bien a cualquier carne o pechuga de pollo asada, y qué decir de cualquier tipo de taco. He dejado abierta la posibilidad de hacerla con miltomates o tomates verdes, o bien, con jitomate. Si la prepara con verdaderos miltomates, la salsa tendrá un sabor más dulzón; los tomates de cultivo darán un agradable sabor. Si la elabora con jitomate la salsa será roja y también diferente, pero no menos sabrosa.

Otra posibilidad de esta salsa, que queda muy sabrosa, es hervir los tomates verdes o el jitomate.

Ingredientes

- 1 taza (240 ml) de agua
- 250 g de miltomates, tomates verdes o jitomates, asados
- 3 (15 g) chiles costeños rojos grandes, sin pedúnculo, semillas ni venas, asados
- 1 (4 g) diente de ajo grande, pelado
- ¼ de taza (35 g) de cebolla blanca picada finamente
- ¼ de taza (15 g) de hojas de cilantro fresco picadas finamente
- 1 cucharadita rasa (6 g) de sal

Procedimiento

1. Caliente en una olla pequeña a fuego alto el agua hasta que hierva; añada los miltomates, tomates o jitomates y los chiles asados, tape y cueza unos 10 minutos; retire del fuego y deje enfriar.

2. Licúe los miltomates, tomates o jitomates con los chiles, el ajo y ⅓ de taza del agua donde se cocieron los chiles, hasta obtener una consistencia tersa que no sea necesario colar. Vierta la salsa en un recipiente, añada la cebolla, el cilantro y la sal. Mezcle, pruebe y ajuste la sal al gusto.

3. Sirva a temperatura ambiente en una salsera.

Salsa de chile puya de Michoacán

El estado de Michoacán siempre me ha fascinado por su población indígena, su gran producción de cestería, textiles y toda su gran artesanía. Hace muchos años aprendí esta receta en San Francisco Uricho, pequeño poblado a las orillas del lago de Pátzcuaro, donde actualmente existe un grupo de unas 25 mujeres purépechas dedicadas a preservar la cultura, la lengua y las tradiciones del pueblo.

Las hermanas Francisca y Esther de la Luz, quienes son parte del grupo mencionado, me enseñaron lo fascinante que puede ser una salsa en la que se utilizan dos tipos de chiles y tomate con jitomate.

Cabe mencionar que ésta es una salsa muy rústica y que quedan grandes trozos de tomate y jitomate martajados.

Ingredientes

- 2 (20 g) chiles guajillo sin pedúnculo, semillas ni venas, asados
- 4 (20 g) chiles puya sin pedúnculo, semillas ni venas, asados
- 1¼ cucharaditas rasas (7.5 g) de sal
- 2 (8 g) dientes de ajo pelados
- 4 (250 g) tomates verdes, sin cáscara
- 1 (125 g) jitomate guaje

Procedimiento

1. Rompa los chiles con las manos y remójelos en suficiente agua caliente por 25 minutos o hasta que se suavicen.

2. Coloque en un molcajete un poco de sal y los dientes de ajo, y muela hasta obtener un puré. Añada los chiles y muela lo mejor posible hasta lograr que queden bien martajados.

3. Agregue los tomates, el jitomate y continúe machacando hasta lograr martajar todo. Pruebe y ajuste de sal.

4. Sirva en el mismo molcajete en que preparó la salsa.

Árbol Chile Salsa

This salsa is one of the great favorites in the central region of the country. Its bright red color makes it very attractive, besides being very tasty; it's a required sauce for accompanying tacos al pastor. This is the one that is always next to the taco maker who slices the meat to make the tacos; it's a secret recipe that they do their best not to share, because we taco aficionados know that a taco's success is in the salsa. The Árbol Chile Salsa is so well liked that many companies produce it commercially under the name *salsa taquera*–for tacos.

This is a traditional recipe from the state of Morelos; though extremely spicy, it's also undeniable that it is very, very tasty. Frying the chile gives the salsa a very sophisticated nutty flavor.

Twenty grams of dried árbol chile are 20 chiles or a cupful, approximately.

This sauce will keep for several weeks in refrigeration.

Ingredients

- 10 (10 g) roasted dried árbol chiles, stemmed
- 2 (20 g) large guajillo chiles, stemmed, seeded, deveined and roasted
- 3 (12 g) large garlic cloves, peeled
- 1 teaspoon (6 g) salt
- 12 oz/300 g tomatillos, husked and roasted
- ⅓ cup (2.7 fl oz/80 ml) water

Procedure

1. Soak the chiles in water for 20 minutes so they hydrate and are easier to grind.

Blender Version

1. Blend all the ingredients for 2 minutes or to a smooth sauce. Taste and adjust for salt.
2. Serve in a *salsera* dish at room temperature.

Molcajete Version

1. Place the garlic and salt in a *molcajete*. With the pestle, mash and grind until you have a puree; then add the chiles, grind again thoroughly; lastly, add the tomatillos and grind once more to desired texture. Add water if salsa is too thick. Taste and adjust for salt.
2. Serve the salsa at room temperature in the same *molcajete* in which it was made.

Dried Árbol Chile Salsa Morelos Style

This is a traditional recipe from the state of Morelos; though it is extremely hot, it is also undeniable that it's very, very tasty. Frying the chili makes the sauce acquire a very sophisticated nutty flavor.

Twenty grams of dry chile de árbol are about 20 chilis or a cupful.

This sauce will keep for several weeks in refrigeration.

Ingredients

- 1 cup (approximately 20) dried árbol chiles
- ⅔ cup (5.4 fl oz/160 ml) oil
- 3 (12 g) large garlic cloves, peeled
- ¼ cup (1.4 oz/35 g) chopped white onion
- 1 teaspoon (6 g) salt

Procedure

1. Fry the chiles in the oil; remove from heat and let cool.
2. Blend all the ingredients to a very thick or almost paste-like sauce. Taste and adjust for salt.
3. Serve in a *salsera* dish at room temperature.

Salsa de chile de árbol

Esta salsa es una de las grandes favoritas en el centro del país. Su color rojo intenso la hace muy llamativa, además de ser muy sabrosa; es una salsa requerida para acompañar los tacos al pastor. Ésta es la que siempre está junto al taquero que rebana la carne para hacer los tacos; es una receta secreta, la cual procuran no compartir, porque todos los aficionados a los tacos sabemos que el éxito de un taco está en la salsa. La salsa de chile de árbol gusta tanto que muchas compañías la producen comercialmente bajo el nombre de "salsa taquera".

Ésta es una salsa que debe ser picosa; sin embargo, puede disminuir el picor bajando la cantidad de chile de árbol. No disminuya los chiles guajillos, éstos no pican y son muy importantes para darle el color.

Se conserva hasta 5 días en el refrigerador.

Ingredientes

- 10 (10 g) chiles de árbol secos asados, sin pedúnculo
- 2 (20 g) chiles guajillo grandes, sin pedúnculo, semillas ni venas, asados
- 3 (12 g) dientes de ajo grandes, pelados
- 1 cucharadita rasa (6 g) de sal
- 300 g de tomates verdes sin cáscara, bien asados
- ⅓ de taza (80 ml) de agua

Procedimiento

1. Remoje los chiles en agua por 20 minutos para que se hidraten y sea más fácil molerlos.

Versión en licuadora

1. Licúe todos los ingredientes por 2 minutos o hasta obtener una salsa tersa. Pruebe y ajuste de sal.
2. Sirva en una salsera a temperatura ambiente.

Versión en molcajete

1. En un molcajete coloque los ajos y la sal. Con el tejolote machaque y muela hasta obtener un puré; posteriormente, añada los chiles, muela muy bien otra vez; finalice agregando los tomates y moliendo de nuevo hasta obtener la textura deseada. Agregue agua en caso de que sea muy espesa. Pruebe y ajuste de sal.
2. Sirva a temperatura ambiente en el mismo molcajete en el que hizo la salsa.

Salsa de chile de árbol seco estilo Morelos

Ésta es una receta tradicional del estado de Morelos; aunque es picosísima, no se puede negar que es muy, muy sabrosa. La fritura del chile hace que la salsa adquiera un sabor anuezado muy sofisticado.

Veinte gramos de chile de árbol seco son 20 chiles o 1 taza, aproximadamente.

Esta salsa se conserva varias semanas en refrigeración.

Ingredientes

- 1 taza (20 piezas, aprox.) de chiles de árbol secos
- ⅔ de taza (160 ml) de aceite
- 3 (12 g) dientes de ajo grandes, pelados
- ¼ de taza (35 g) de cebolla blanca picada
- 1 cucharadita rasa (6 g) de sal

Procedimiento

1. Fría los chiles en el aceite; retire del fuego y deje enfriar.
2. Licúe todos los ingredientes hasta obtener una salsa muy espesa o casi pastosa. Pruebe y ajuste de sal.
3. Sirva en una salsera a temperatura ambiente.

Salsa del Agricultor

One of the characteristics of salsas from Northern Mexico is that they often mix several types of chiles. The chiles are sometimes used raw, and vinegar is also used.

Salsa del agricultor ("farmer's" salsa), was a prize-winning salsa in the Comidas y festejos tradicionales mexicanos (Traditional Mexican Meals and Festivities) contest of the state of Nuevo León, and featured in a colossal compendium of recipes from every state of Mexico, compiled by Banrural (Rural Development Bank). There are two options: to cook only the chiles or to fry the sauce so that it's cooked.

Ingredients

Salsa del agricultor - Raw

- 1 oz/25 g piquín chiles
- 6 (1.2 oz/30 g) cascabel chiles, stemmed, seeded and deveined
- 2 (1.2 oz/30 g) chipotles chiles, stemmed, seeded and deveined
- 2 (20 g) ancho chiles, stemmed, seeded and deveined

- 4 cups (33.8 fl oz/1 ℓ) water
- ½ teaspoon (1 g) black pepper
- ½ teaspoon (1 g) cumin
- 1 tablespoon (10 g) ground paprika
- 1 tablespoon (5 g) oregano
- 4 (16 g) large garlic cloves, peeled
- ¼ cup (1.4 oz/35 g) chopped white onion

- 1 cup (8.1 fl oz/240 ml) white vinegar
- 1¼ teaspoons (7.5 g) salt

Salsa del agricultor - Fried

- ¼ cup (2 fl oz/60 ml) oil
- 1 recipe Salsa del Agricultor - Raw
- 1 cup (8.1 fl oz/240 ml) water
- 2 tablespoons (1.6 oz/40 g) sugar
- salt to your liking

Procedure

Raw Sauce

1. Cook all the chiles in the water for 15 minutes until they're soft. Remove from heat and let cool.
2. Blend all the chiles with the water, pepper, cumin, paprika, oregano, garlic, onion, vinegar and salt to a very smooth sauce that doesn't require straining. Taste and adjust for salt.

Fried Sauce

1. Heat the oil and fry the Salsa del Agricultor - Raw. When it boils add the water, sugar and salt to taste. Cook for 25 minutes stirring occasionally.

Salsa de Toro

In this case, *toro* (bull) is a synonym of fierce, "brava" in other words, a spicy salsa; the original recipe is customary in Chihuahua, where it is usually prepared with a mix of several chiles.

Ingredients

- 6 (1.2 oz/30 g) cascabel chiles, stemmed, seeded and deveined
- 5 (1 oz/25 g) dried serrano chiles
- 3 (12 g) large garlic cloves, peeled

- ¼ teaspoon (1 g) coriander seeds
- ¼ teaspoon (1 g) cumin
- ¼ teaspoon (1 g) dried oregano
- 1½ teaspoons (9 g) salt

- 1 cup (8.1 fl oz/240 ml) white vinegar
- 1 sprig of thyme
- 1 bay leaf

Procedure

1. Grind the chiles, garlic, coriander seeds, cumin, oregano and salt.
2. Cook the vinegar with the thyme and the bay leaf over low flame; when it boils, remove from heat and mix with the ground chiles. Taste, adjust for salt and let cool. Let rest for 1 day.
3. Remove the bay leaf before serving the salsa.

Salsa del agricultor

Una de las características de las salsas en los estados del norte del país es que con frecuencia se mezclan. Se utilizan varios tipos de chiles, a veces en crudo, y se emplea vinagre.

La salsa del agricultor fue una receta premiada en el apartado B del concurso "Comidas y festejos tradicionales mexicanos", del estado de Nuevo León, en una colosal recopilación que hizo Banrural de todos los estados del país. Hay dos opciones: cocer únicamente los chiles o freírla para que se cueza.

Ingredientes

Salsa del agricultor cruda

- 25 g de chiles piquín
- 6 (30 g) chiles cascabel sin pedúnculo, semillas ni venas
- 2 (30 g) chiles chipotle sin pedúnculo, semillas ni venas
- 2 (20 g) chiles anchos sin pedúnculo, semillas ni venas
- 4 tazas (1 ℓ) de agua

- ½ cucharadita (1 g) de pimienta negra
- ½ cucharadita (1 g) de comino
- 1 cucharada (10 g) de pimentón molido o paprika
- 1 cucharada (5 g) de orégano
- 4 (16 g) dientes de ajo grandes, pelados
- ¼ de taza (35 g) de cebolla blanca picada

- 1 taza (240 ml) de vinagre blanco
- 1¼ cucharaditas rasas (7.5 g) de sal

Salsa del agricultor cocida

- ¼ de taza (60 ml) de aceite
- 1 receta de Salsa del agricultor cruda
- 1 taza (240 ml) de agua
- 2 cucharadas (40 g) de azúcar
- sal al gusto

Procedimiento

Salsa cruda

1. Cueza todos los chiles en el agua por 15 minutos hasta que estén suaves. Retire del fuego y deje enfriar.
2. Licúe todos los chiles con el agua, la pimienta, el comino, el pimentón, el orégano, el ajo, la cebolla, el vinagre y la sal hasta obtener una salsa muy tersa que no sea necesario colar. Pruebe y ajuste de sal.

Salsa frita

1. Caliente el aceite y fría la salsa del agricultor cruda. Cuando hierva añada el agua, el azúcar y sal al gusto. Cueza por 25 minutos moviendo de vez en cuando.

Salsa de toro

En este caso "toro" es un sinónimo de salsa brava o picosa; la receta original se acostumbra en Chihuahua, en donde generalmente se mezclan varios chiles para hacerla.

Ingredientes

- 6 (30 g) chiles cascabel sin pedúnculo, semillas ni venas
- 5 (25 g) chiles serranos secos sin pedúnculo
- 3 (12 g) dientes de ajo grandes, pelados

- ¼ de cucharadita rasa (1 g) de semillas de cilantro
- ¼ de cucharadita rasa (1 g) de comino
- ¼ de cucharadita rasa (1 g) de orégano seco

- 1½ cucharaditas rasas (9 g) de sal
- 1 taza (240 ml) de vinagre blanco
- 1 ramita de tomillo
- 1 hoja de laurel

Procedimiento

1. Muela los chiles, los ajos, las semillas de cilantro, el comino, el orégano y la sal.
2. Cueza a fuego lento el vinagre con el tomillo y el laurel; cuando hierva, retire del fuego y mezcle con los chiles molidos. Pruebe, ajuste de sal y deje enfriar. Déjela reposar por 1 día.
3. Retire el laurel cuando vaya a servir la salsa.

Salsa negra
Salsa Negra

Salsa de xoconostle con chile de árbol
Xoconostle Salsa with Árbol Chile

Salsa brava tarahumara
Salsa Brava Tarahumara

Xocochile
Xocochile

Salsa de cacahuate
Peanut Salsa

Salsa de Tomatito Silvestre

The magic of this salsa, which belongs to the non-Indigenous people of San Cristóbal de las Casas, Chiapas who call themselves *Coletos*, consists in using a small wild fruit, *Jaltomata procumbens*, or "creeping false holly", that rarely reaches organized markets. *Tomatito silvestre*, "small wild tomato," as the name indicates, is a totally wild species. It is eaten from when orange colored to when it becomes very red. When very ripe, it contains almost no pulp but does have many seeds and skin; its flavor is decidedly acidic. In other places it's known as *jaltomate*. It's bought in small heaps or by measures, almost never by kilogram. It should be noted that for the Coletos, salsas with pork lard are very appreciated, for they have a very low intake of fat in their daily diet, due to the fact that their cuisine tends to be vegetarian.

The Simojovel chile can be substituted by dried piquín chile.

Ingredients

- ¼ cup (2 oz/50 g) pork lard
- 10 oz/250 g *tomatito silvestre* or *jaltomate* (creeping false holly berries)
- ¼ cup (1.4 oz/35 g) chopped white onion
- 1 teaspoon (2 g) Simojovel chiles, or dried piquín chiles
- 1 teaspoon (6 g) salt

Procedure

1. Heat the lard and fry the creeping false holly berries for 5 minutes. Add the onion, the chiles and the salt and cook for another 10 minutes. If all the *tomatitos* do not burst, mash them to a textured salsa.
2. Remove from heat, taste and adjust for salt.
3. Serve in a *salsera* dish at room temperature.

Peanut Salsa

Beware! This sauce can be addictive. Among the ladies of Xalapa, Veracruz, recipes for salsas like this one are exchanged almost daily; and though very old it isn't as customary as before, except among the older residents of the city.

The peanuts and the chiles should be well toasted, but taking care to not burn them, so it's really better to toast them separately on a comal or skillet over a low flame and let them to cool completely. This salsa can be made up to 5 days in advance, but it's best to make it on the same day it'll be served.

Ingredients

- 3 tablespoons (1.5 fl oz/45 ml) oil
- ¼ cup (1.4 oz/35 g) shelled and toasted peanuts
- 1 (4.8 oz/120 g) medium-sized ripe tomato, roasted
- 2 (10 g) large chipotles chiles, stemmed, seeded, deveined and roasted
- 2 (8 g) large garlic cloves, roasted in their skin and then peeled
- ¾ teaspoon (4.5 g) salt
- 1 cup (8.1 fl oz/240 ml) water

Procedure

1. Heat the oil in a small frying pan and fry the peanuts until lightly golden, taking care not to burn them. Remove from heat, immediately strain the peanuts to stop their frying and let the oil and the peanuts to cool off separately.
2. Blend the tomato, chiles, garlic, salt, and the water to a smooth sauce. Add the peanuts and blend a little more to a ground but somewhat grainy salsa.
3. In a small saucepan over a medium flame heat the oil in which the peanuts were fried and pour in the salsa; stir and mix. As soon as it boils, reduce the flame to low and cook for 15 minutes, stirring occasionally so it doesn't stick to the pan. Remove from heat. Taste, adjust for salt, and only if the salsa is too thick, add water.
4. Serve at room temperature in a *salsera* dish.

Salsa de tomatito silvestre

La magia de esta salsa, que pertenece a los coletos de San Cristóbal de las Casas, Chiapas, consiste en utilizar un tomatito silvestre que casi nunca llega a los mercados organizados. Como su nombre lo indica, son totalmente silvestres. Se empieza a consumir desde que está color naranja hasta muy rojo. Cuando está muy maduro no contiene casi pulpa, pero sí muchas semillas y cáscara; su sabor es declaradamente ácido. En otros lugares se conoce como jaltomate. Se compra por montoncitos o por medidas, casi nunca por kilo. Vale la pena aclarar que para este grupo étnico, las salsas con manteca de cerdo son muy apreciadas, pues la ingesta de grasas en su dieta diaria es muy baja, debido a que su cocina tiende a ser vegetariana.

El chile Simojovel se puede sustituir por chile piquín seco.

Ingredientes

- ¼ de taza (50 g) de manteca de cerdo
- 250 g de tomatito silvestre o jaltomate
- ¼ de taza (35 g) de cebolla blanca picada
- 1 cucharadita (2 g) de chiles Simojovel o chiles piquín secos
- 1 cucharadita rasa (6 g) de sal

Procedimiento

1. Caliente la manteca y fría los tomatitos silvestres o jaltomates por 5 minutos. Añada la cebolla, los chiles, la sal, y cueza por 10 minutos más. En caso de que no reventaran todos los tomates, aplástelos para que la salsa quede martajada.
2. Retire del fuego, pruebe y ajuste de sal.
3. Sirva en una salsera a temperatura ambiente.

Salsa de cacahuate

¡Cuidado!, esta salsa puede ser adictiva. Entre las señoras de Xalapa, Veracruz, recetas de salsas como ésta se intercambian casi a diario; y aunque es muy antigua ya no se acostumbra tanto, excepto entre los viejos moradores de la ciudad.

Los cacahuates y los chiles deben estar bien tostados, pero cuidando no quemarlos, por lo que es mejor tostarlos por separado en un comal a fuego bajo y dejarlos enfriar totalmente. Esta salsa se puede hacer hasta con 5 días de anticipación, pero es mejor hacerla el mismo día.

Ingredientes

- 3 cucharadas (45 ml) de aceite
- ¼ de taza (35 g) de cacahuates pelados y tostados
- 1 (125 g) jitomate mediano maduro, asado
- 2 (10 g) chiles chipotle rojos grandes, sin pedúnculo, semillas ni venas, asados
- 2 (8 g) dientes de ajo grandes asados con su cáscara, pelados
- ¾ de cucharadita rasa (4.5 g) de sal
- 1 taza (240 ml) de agua

Procedimiento

1. Caliente el aceite en un sartén pequeño y fría los cacahuates hasta que estén un poco dorados, cuidando que no se quemen. Retire del fuego, inmediatamente drene los cacahuates para que no se sigan friendo y deje enfriar el aceite y los cacahuates por separado.
2. Licúe el jitomate, los chiles, los ajos, la sal y el agua hasta obtener una salsa tersa. Añada los cacahuates y vuelva a licuar un poco para que la salsa quede molida, pero algo granulosa.
3. Caliente el aceite en donde se frieron los cacahuates en una olla pequeña a fuego medio y vierta la salsa; mueva y mezcle. Tan pronto hierva, disminuya el fuego y cuézala por 15 minutos, moviendo de vez en cuando para que no se pegue. Retire del fuego. Pruebe, ajuste de sal, y sólo en caso de que la salsa estuviera muy espesa añada agua.
4. Sirva a temperatura ambiente en una salsera.

Salsa Macha from Orizaba, Veracruz

This salsa is extremely spicy; those who eat it must be brave or machos or machas (the feminine equivalent of macho) to face up to the heat of the chiles, this explains its name; however, in small quantities it proves to be very agreeable. There are many variations of this salsa.

This type of salsa is customary in Orizaba, Veracruz; it is different from others, as the chiles are fried in plenty of oil and then ground into small flakes, in such a way that what is used is the flavored oil, which is sprinkled over any snack, corn tortilla, dish or stew.

Ingredients

- ½ cup (4.1 oz/120 ml) oil
- ½ cup (2 oz/50 g) dried serrano or morita chile, stemmed, seeded and deveined
- ½ teaspoon (3 g) salt

Procedure

1. Heat the oil in a frying pan over a low flame. Fry the chiles for a few seconds until lightly golden, but not too fried nor burnt. Remove from heat, immediately strain the oil and let the chiles and the oil to cool-off separately.

Blender Version

1. Blend all the ingredients until the chiles are textured or well ground, according to taste. Transfer the salsa to a jar with a lid and store in a cool, dry place until used. Always stir before using.

Molcajete Version

1. Grind the chiles in a *molcajete* with the salt until textured or well ground: if needed, use a little oil to achieve a paste. Transfer the ground preparation to a jar, add the rest of the oil, cover, shake and store in a cool, dry place until used.

Salsa Macha with Peanut

This variation is also traditional like the salsa macha from Orizaba; as a matter of fact, it's even more common today, since everybody loves the flavor that peanuts contribute. I've seen how the people from this region spread this salsa on corn tortillas, since it enriches the tortilla's flavor. It is used in the same manner as the salsa macha from Orizaba.

Over time the salsa separates and it's normal for people to use only the oil or, otherwise, it must be stirred so that the salt and the peanuts remix a bit. This sauce keeps for several weeks, especially in a jar with a lid.

Ingredients

- 1¼ cup (10.1 fl oz/300 ml) oil
- 1 cup (5.6 oz/140 g) toasted and shelled peanuts
- ½ cup (2 oz/50 g) dried serrano or morita chile, stemmed, seeded and deveined
- 2 teaspoons (12 g) salt

Procedure

1. Over a low flame, heat the oil in a small frying pan and fry the peanuts until lightly golden. Take care not to burn them. Remove from heat and reserve.
2. Fry the chiles in the same oil until they are lightly golden; strain immediately and let the chiles and oil cool separately.
3. Blend the oil, peanuts, chiles and salt until all the ingredients are textured or well-ground, according to taste.
4. Transfer the salsa to a jar with a lid and store in a cool, dry place.
5. Serve in a *salsera* dish at room temperature. Stir well before serving.

Salsa macha de Orizaba, Veracruz

Esta salsa es picosísima, los que la comen deben ser valientes o machos(as) para enfrentar el picor de los chiles, de ahí su nombre; sin embargo, en pequeñas cantidades resulta muy agradable. De ella existen muchas variaciones.

Este tipo de salsa se acostumbra en Orizaba, Veracruz; es diferente a muchas otras, pues los chiles se fríen en abundante aceite y se muelen procurando que queden martajados en forma de pequeñas hojuelas, de tal manera que lo que se ocupa es el aceite saborizado, el cual se rocía sobre cualquier antojito, tortilla de maíz, platillo o guiso.

Ingredientes

- ½ taza (120 ml) de aceite
- ½ taza (50 g) de chiles serranos secos o morita, sin pedúnculo, semillas ni venas
- ½ cucharadita rasa (3 g) de sal

Procedimiento

1. Caliente el aceite en un sartén a fuego bajo. Fría los chiles unos segundos hasta que estén ligeramente dorados, pero no muy fritos ni quemados. Retírelos del fuego, inmediatamente drene el aceite y deje enfriar los chiles y el aceite por separado.

Versión en licuadora

1. Licúe todos los ingredientes hasta que los chiles queden martajados o molidos, según su gusto. Transfiera la salsa a un frasco con tapa y guarde en un lugar fresco y seco hasta usarla. Siempre hay que mezclar la salsa antes de usarla.

Versión en molcajete

1. Muela los chiles en un molcajete con la sal para que queden martajados o bien molidos; si lo requiere, utilice un poco de aceite para obtener una pasta. Transfiera el molido a un frasco, añada el resto del aceite, tape, agite y conserve en un lugar fresco y seco hasta su uso.

Salsa macha con cacahuate

Esta variante es igualmente tradicional que la salsa macha de Orizaba; de hecho, hoy en día es más común, pues a todos les encanta el sabor que aporta el cacahuate. He visto cómo la gente de esta región unta las tortillas de maíz con esta salsa, pues enriquece el sabor de la tortilla. También se emplea de la misma forma que la salsa macha de Orizaba.

Pasado un tiempo la salsa se separa y es normal que la gente utilice sólo el aceite o, en caso contrario, hay que mezclar para que la sal y los cacahuates se revuelvan un poco. Esta salsa se conserva por varias semanas, especialmente en un frasco con tapa.

Ingredientes

- 1¼ tazas (300 ml) de aceite
- 1 taza (140 g) de cacahuates tostados y pelados
- ½ taza (50 g) de chiles serranos secos o morita, sin pedúnculo, semillas ni venas
- 2 cucharaditas rasas (12 g) de sal

Procedimiento

1. Caliente el aceite en un sartén chico a fuego bajo y fría los cacahuates hasta que queden ligeramente dorados. Cuide que no se quemen; retírelos y reserve.
2. Fría los chiles en el mismo aceite hasta que se doren ligeramente; drénelo de inmediato y deje enfriar los chiles y el aceite por separado.
3 Licúe el aceite, los cacahuates, los chiles y la sal hasta que los ingredientes queden martajados o molidos, según la textura que desee.
4. Vacíe la salsa en un frasco con tapa; conserve en un lugar fresco y seco.
5. Sirva en una salsera a temperatura ambiente. Antes de servir, mezcle bien.

Xoconostle Salsa
with Árbol Chile

This version comes from San Felipe del Progreso, State of Mexico, contributed by María Máxima López López. It's a very spicy salsa. In the original recipe, 20chiles were used and I have reduced the amount to 10; even so, it's still very spicy, the amount may still be reduced, but remember that salsas are spicy by nature.

It keeps for up to 5 days in refrigeration.

Ingredients

- 2 (3.2 oz/80 g) large roasted xoconostles (sour prickly pears), peeled and without seeds
- 4 (10 oz/250 g) tomatillos, husked and roasted
- 10 (10 g) dried árbol chiles, stemmed, seeded, deveined and roasted
- 1 (4 g) large garlic clove, raw and peeled
- ½ cup (3 oz/75 g) finely chopped white onion, optional
- ½ cup (1.2 oz/30 g) chopped cilantro leaves, optional
- 1 teaspoon (6 g) salt

Procedure

1. Blend the xoconostles, tomatoes, chiles and garlic to a textured or well-ground sauce, according to taste. Pour into a salsera dish, add the onion, cilantro and salt and stir well.
2. Taste and adjust for salt. Serve at room temperature.

Piquín Chile Salsa
San Luis Potosí Style

In reality, San Luis Potosí and Querétaro share this recipe, where it's made in a similar manner. It particularly accompanies dishes made by the Pame People. The resulting salsa, though it appears to be very simple, is an irresistible flavor for lovers of the cuisine of the states in Mexico's central region.

Ingredients

- 12 dried piquín chiles
- 2 (9.6 oz/240 g) ripe beef tomatoes, roasted
- 6 (10 oz/250 g) tomatillos, husked, cooked in water
- ¼ cup (15 g) chopped fresh cilantro leaves
- 1½ teaspoons (9 g) salt

Procedure

1. Blend the chiles, tomatoes, tomatillos, cilantro and salt to a textured or well-ground sauce, according to taste. Taste and adjust for salt.
2. Serve in a salsera dish at room temperature.

Salsa de xoconostle

con chile de árbol

Esta versión proviene de San Felipe del Progreso, Estado de México, aportada por María Máxima López López. Es una salsa muy picosa. En la receta original se ocupaban 20 chiles y yo he reducido la cantidad a 10; aun así, es muy picosa, todavía puede disminuirse la cantidad, pero recuerde que por naturaleza las salsas son picantes.

Se conserva hasta 5 días en refrigeración.

Ingredientes

- 2 (80 g) xoconostles grandes asados, pelados y sin semillas
- 4 (250 g) tomates verdes sin cáscara, asados
- 10 (10 g) chiles de árbol secos, sin pedúnculo, semillas ni venas, asados
- 1 (4 g) diente de ajo grande, pelado
- ½ taza (75 g) de cebolla picada finamente, opcional
- ½ taza (30 g) de hojas de cilantro fresco picadas, opcional
- 1 cucharadita rasa (6 g) de sal

Procedimiento

1. Licúe los xoconostles, los tomates, los chiles y el ajo hasta obtener una salsa martajada o muy licuada, según su gusto. Vierta en una salsera, añada la cebolla, el cilantro, la sal y mezcle bien.
2. Pruebe y ajuste de sal al gusto. Sirva a temperatura ambiente.

Salsa de chile piquín

de San Luis Potosí

En realidad, esta receta la comparten San Luis Potosí y Querétaro, donde se hace de manera similar. En particular es acompañante de los platillos pames; el resultado de esta salsa, que aparenta ser muy sencilla, es un sabor irresistible para los amantes de la cocina de los estados del centro del país.

Ingredientes

- 12 (12 g) chiles piquín secos
- 2 (240 g) jitomates bola maduros, asados
- 6 (250 g) tomates verdes sin cáscara, cocidos en agua
- ¼ de taza (15 g) de hojas de cilantro fresco picadas
- 1½ cucharaditas rasas (9 g) de sal

Procedimiento

1. Licúe los chiles, los jitomates, los tomates, el cilantro y la sal hasta obtener una salsa martajada o con textura fina, según su gusto. Pruebe y ajuste de sal.
2. Sirva en una salsera a temperatura ambiente.

Salsa for Pozole

This is one of the most interesting recipes I've come across, because there are almost no traditional recipes for salsas or dishes using catarino chile. It's a mystery finding out how this chile is consumed, a chile that always appears abundantly in the public markets of the country's central region. Nor are there many recipes either in which chile salsas feature mature corn as a thickener; as a matter of fact, in this compendium this is the only one with cooked mature corn.

This recipe, provided by Eduardo Vibian Camacho, comes from one of the oldest families in Morelia, Michoacán. It's made specifically with some of the ingredients used for *pozole*: while this brothy hominy stew is cooking, corn and broth are extracted for making the salsa itself, that will accompany the *pozole* at the table. Each diner adds an amount to taste because it's very spicy; it's also good for giving the pozole more consistency, flavor or color. Traditional Michoacán pozole is made with red corn, but it can be substituted by cacahuacintle corn; in any of both cases the corn must be totally cooked and each dried kernel "burst open," like a flower.

Ingredients

- 2 tablespoons (1 fl oz/30 ml) oil
- 3 (3 g) dried árbol chiles, stemmed, seeded and deveined
- 10 (10 g) catarino chiles
- ¼ (2 oz/50 g) white onion
- 1 (4 g) large garlic clove, peeled
- 1 cup (4.8 oz/120 g) cooked corn kernels (hominy) for pozole
- 1 cup (8.1 fl oz/240 ml) beef or pork stock for pozole
- 1 teaspoon (6 g) salt

Procedure

1. Heat the oil, and fry the chiles, onion and garlic until they're lightly golden; remove from heat. Strain, discard the oil and keep the rest of the ingredients.
2. Blend the chiles, onion, garlic, corn, broth and salt to a very smooth sauce that doesn't require straining. Taste and adjust for salt.
3. Serve at room temperature.

Salsa Brava Tarahumara

This recipe for *Salsa* Brava Tarahumara was published in the portentous collection, La cocina familiar en los estados de la República (Family Cuisine in the States of the Republic), sponsored by Banrural (Rural Development Bank). This one corresponds to the state of Chihuahua, provided in turn by the state's own DIF (initials in Spanish for the social assistance institution, Integral Family Development).

It's worth emphasizing that it was so named in honor of the indigenous Tarahumara people that live in Chihuahua, but the recipe is not indigenous; in fact, there is extended anthropological and gastronomical research on this group and there are no records of any other salsa that might be similar or with which it could be compared.

Ingredients

- 4 (1.6 oz/40 g) large guajillo chiles, stemmed, seeded and deveined
- 10 (10 g) dried árbol chiles, stemmed, seeded and deveined
- 10 (2 oz/50 g) cascabel chiles, stemmed, seeded and deveined
- 1 cup (8.1 fl oz/240 ml) water
- 1 (2 g) cinnamon stick 1 ¼ inches long
- 3 allspice berries
- 1 clove
- ¼ (2 oz/50 g) white onion
- 2 (8 g) large garlic cloves peeled
- ¼ teaspoon (1 g) cumin
- ½ teaspoon (1 g) oregano
- ½ cup (8.1 fl oz/120 ml) vinegar
- 1½ teaspoons (9 g) salt

Procedure

1. Blend all the ingredients to a smooth sauce that doesn't require straining. Taste and adjust for salt.
2. Serve in a *salsera* dish at room temperature.

Salsa para pozole

Ésta es una de las recetas más interesantes con las que me he encontrado, pues no existen casi recetas tradicionales de salsas ni guisos de chile catarino. Es todo un misterio saber en qué se consume este chile, que siempre aparece de manera abundante en los mercados populares del centro del país. Tampoco existen muchas recetas de salsas de chile en las que se emplee el maíz como espesante; de hecho, en toda esta recopilación ésta es la única con maíz cocido.

Esta receta, aportada por Eduardo Vibian Camacho, proviene de una de las familias más antiguas de Morelia, particularmente se hace con algunos de los ingredientes del pozole; mientras éste se cuece se seleccionan maíz y caldo para hacer la salsa, que acompañará al guiso en la mesa. Cada comensal añade la cantidad que desee porque es muy picosa; sirve también para darle más consistencia, sabor o color al pozole. El pozole tradicional michoacano se hace con maíz rojo, pero puede sustituirse por maíz cacahuacintle; en cualquiera de los dos casos el maíz debe estar totalmente cocido y "reventado".

Ingredientes

- 2 cucharadas (30 ml) de aceite
- 3 (3 g) chiles de árbol secos sin pedúnculo, semillas ni venas
- 10 (10 g) chiles catarino
- ¼ (50 g) de cebolla blanca
- 1 (4 g) diente de ajo grande, pelado
- 1 taza (120 g) de granos de maíz para pozole, cocidos
- 1 taza (240 ml) de caldo de pozole, res o cerdo
- 1 cucharadita rasa (6 g) de sal

Procedimiento

1. Caliente el aceite y fría los chiles, la cebolla y el ajo hasta que queden ligeramente dorados; retire del fuego. Cuele, deseche el aceite y conserve los demás ingredientes.
2. Licúe los chiles, la cebolla, el ajo, el maíz, el caldo y la sal hasta obtener una salsa muy tersa que no sea necesario colar. Pruebe y ajuste de sal.
3. Sirva a temperatura ambiente.

Salsa brava tarahumara

La salsa brava tarahumara apareció publicada en la portentosa colección de La cocina familiar en los estados de la República, patrocinada por Banrural. Ésta corresponde al estado de Chihuahua, a su vez aportada por el DIF (Desarrollo Integral de la Familia) del mismo estado.

Es justo señalar que fue nombrada así en honor a los indígenas que habitan en Chihuahua, pero la receta no es indígena; de hecho, existe una amplia investigación antropológica y gastronómica de este grupo y no se tiene ningún registro de ninguna otra salsa que pudiera ser similar o con la que se pueda comparar.

Ingredientes

- 4 (40 g) chiles guajillo grandes sin pedúnculo, semillas ni venas
- 10 (10 g) chiles de árbol secos sin pedúnculo, semillas ni venas
- 10 (50 g) chiles cascabel sin pedúnculo, semillas ni venas
- 1 taza (240 ml) de agua
- 1 raja (2 g) de canela de 3 cm de largo
- 3 pimientas gordas
- 1 clavo
- ¼ (50 g) de cebolla blanca
- 2 (8 g) dientes de ajo grandes, pelados
- ¼ de cucharadita (1 g) de comino
- ½ cucharadita (1 g) de orégano
- ½ taza (120 ml) de vinagre
- 1½ cucharaditas rasas (9 g) de sal

Procedimiento

1. Licúe todos los ingredientes hasta obtener una salsa tersa que no sea necesario colar. Pruebe y ajuste de sal.
2. Sirva en una salsera a temperatura ambiente.

Salsa taquera con chile mora
Mora Chile Salsa for Tacos

Salsa de chile pasilla oaxaqueño
Oaxacan Pasilla Chile Salsa

Salsa de chile chipotle asado con tomate verde
Roasted Chipotle Salsa with Tomatillo

Salsa borracha con xoconostle de Guanajuato
Salsa Borracha with Xoconostle Guanajuato Style

Salsa de toro
Salsa de Toro

Salsa borracha de San Rafael, Estado de México
Salsa Borracha from San Rafael, State of Mexico

Salsa Pilico

This charming name corresponds to a pumpkin seed salsa from Chiapas that is prepared with Simojovel chile, which can be substituted by dried serrano, árbol or any *chiltepín* chile.

"Simojovel" is the name of the town and place where this chile is produced, which is very popular in the area of San Cristóbal de las Casas. Though it could be expected that the pumpkin seed would be toasted, here it is used raw.

Ingredients

- 1 teaspoon (3 g) corn starch
- 1 well packed cup (5.2 oz/130 g) ground green pumpkin seeds, with or without their shells
- ½ teaspoon (3 g) salt
- 2 cups (16.2 fl oz/480 ml) water
- 1 teaspoon (2 g) Simojovel chile, roasted, whole or ground

Procedure

1. Dilute the corn starch in a saucepan, add the seeds, the salt, and stir.
2. Get the mix boiling at high flame, stirring constantly. Continue cooking until the preparation thickens; remove from flame.
3. Add the chili, stir, taste and adjust for salt.
4. Serve the sauce either hot or lukewarm.

Xocochile

"*Xocochile*" is the joining of two words, *xoconostle* and chile, and it's, perhaps, a different way of naming one of the many chile salsas using *xoconostle* (sour prickly pear) that exist in the state of Guanajuato. It's undeniable that the presence of *xoconostle* contributes a very interesting acidity to the preparation.

Ingredients

- 10 (4 oz/100 g) large guajillo chiles, stemmed, seeded, deveined and roasted
- 1 cup (8.1 fl oz/240 ml) hot water
- 5 (8 oz/200 g) *xoconostles* (sour prickly pears), roasted, peeled and without seeds
- 1 (4 g) large garlic clove, peeled
- 1¼ teaspoons (7.5 g) salt
- 1 cup (6 oz/150 g) finely chopped white onion, optional
- ¼ cup (15 g) chopped fresh cilantro leaves, optional

Procedure

1. Break up the chiles by hand and soak in the hot water for 25 minutes to soften.
2. Blend the chiles, the water used for soaking, the *xoconostles*, garlic and salt to a smooth sauce. Add the onion and cilantro and mix. Taste and adjust for salt.
3. Pour into a *salsera* dish and serve at room temperature.

Salsa pilico

Este simpático nombre le corresponde a una salsa de pepita de calabaza chiapaneca que se prepara con chile Simojovel, el cual puede ser sustituido por chile seco.

"Simojovel" es el nombre del poblado y del lugar donde se produce ese chile que es muy popular en el área de San Cristóbal de las Casas. Aunque se podría esperar que la pepita fuera tostada, ésta es cruda.

Ingredientes

- 1 cucharadita (3 g) de fécula de maíz
- 1 taza (130 g) de pepita verde molida, con o sin cáscara, bien apretada
- ½ cucharadita rasa (3 g) de sal
- 2 tazas (480 ml) de agua
- 1 cucharadita (2 g) de chile Simojovel asado, entero o molido

Procedimiento

1. Diluya la fécula de maíz en una olla, añada la pepita, la sal y mezcle.
2. Ponga a hervir la mezcla a fuego alto moviendo constantemente. Continúe la cocción hasta que el preparado espese; retire del fuego.
3. Agregue el chile, mezcle, pruebe y ajuste de sal.
4. Sirva la salsa caliente o tibia.

Xocochile

"Xocochile" es la conjunción de dos palabras: "xoconostle" y "chile", y es, tal vez, una forma diferente de llamar a una de las tantas salsas de chile con xoconostle que existen en el estado de Guanajuato. No se puede negar que la presencia del xoconostle aporta una acidez muy interesante al preparado.

Ingredientes

- 10 (100 g) chiles guajillo grandes sin pedúnculo, semillas ni venas, asados
- 1 taza (240 ml) de agua caliente
- 5 (200 g) xoconostles asados, pelados y sin semillas
- 1 (4 g) diente de ajo grande, pelado
- 1¼ cucharaditas rasas (7.5 g) de sal
- 1 taza (150 g) de cebolla blanca picada finamente, opcional
- ¼ de taza (15 g) de hojas de cilantro fresco picados, opcional

Procedimiento

1. Rompa los chiles con las manos y remójelos en el agua caliente por 25 minutos para que se suavicen.
2. Licúe los chiles con el agua del remojo, los xoconostles, el ajo y la sal hasta obtener una salsa tersa. Agregue la cebolla, el cilantro y mezcle. Pruebe y ajuste de sal.
3. Vierta en una salsera y sirva a temperatura ambiente.

Salsa Mulata

This version from Coahuila refers to the color of the salsa, a very dark brown or black, hence the name *mulata*. Besides using a variety of chile called *mulato*, in other regions of the country analogous salsas are made under the name of *salsas negras* (black salsas).

Ingredients

- 3 (1.2 oz/30 g) pasilla chiles, stemmed, seeded and deveined
- 1 (10 g) mulato chile, stemmed, seeded, deveined and roasted
- 2 cups (8.1 fl oz/480 ml) boiling water
- ¼ (2 oz/50 g) white onion
- 1 (4 g) large garlic clove, peeled
- ¾ teaspoon (4.5 g) salt
- 2 tablespoons (1 fl oz/30 ml) oil

Procedure

1. Break up the chiles by hand and soak in the hot water for 25 minutes or until the chiles are completely soft.
2. Blend the chiles pasilla and mulato, the water used for soaking, the onion, garlic and salt to a smooth sauce.
3. Heat the oil and add the salsa. When it comes to a boil, lower the flame and let it cook 10 minutes. Remove from heat, taste and adjust for salt.
4. Serve at room temperature in a *salsera* dish.

Salsa Negra

I couldn't not write up this version because I came across this recipe in at least four of the country's states: Zacatecas, Querétaro, Coahuila and Chihuahua, besides Mexico City.

Ingredients

- 6 (2.4 oz/60 g) pasilla chiles, stemmed, seeded, deveined and roasted
- 1 (10 g) mulatto chile, stemmed, seeded, deveined and roasted
- 3 cups (24.3 fl oz/720 ml) hot broth
- ½ (4 oz/100 g) white onion
- 1 (4 g) large garlic clove, peeled
- 1 teaspoon (6 g) salt
- 2 tablespoons (1 fl oz/30 ml) olive oil

Procedure

1. Break up the chiles and soak them in the broth for 20 minutes to softened.
2. Blend the chiles with the broth, onion, garlic and salt until you have a smooth sauce that doesn't require straining.
3. Heat the oil, add the salsa and bring to a boil. Lower the flame to a minimum and cook for 15 minutes. Remove from heat, taste and adjust for salt. Serve in a *salsera* dish at room temperature.

Salsa mulata

Esta versión de Coahuila hace referencia al color de la salsa café muy oscura o negra, de ahí el nombre de mulata. Además de utilizar una variedad de chile llamada mulato, en otras regiones del país se hacen salsas análogas bajo el nombre de salsas negras.

Ingredientes

- 3 (30 g) chiles pasilla sin pedúnculo, semillas ni venas
- 1 (10 g) chile mulato sin pedúnculo, semillas ni venas, asado
- 2 tazas (480 ml) de agua hirviendo
- ¼ (50 g) de cebolla blanca chica
- 1 (4 g) diente de ajo grande, pelado
- ¾ de cucharadita rasa (4.5 g) de sal
- 2 cucharadas (30 ml) de aceite

Procedimiento

1. Rompa los chiles con las manos y remójelos en el agua hirviendo por 25 minutos o hasta que los chiles estén totalmente suaves.
2. Licúe los chiles pasilla, el chile mulato, el agua de remojo de los chiles, la cebolla, el ajo y la sal hasta obtener una salsa tersa que no sea necesario colar.
3. Caliente el aceite y añada la salsa. Al hervir, baje el fuego y deje cocinar por 10 minutos. Retire del fuego, pruebe y ajuste de sal.
4. Sirva a temperatura ambiente en una salsera.

Salsa negra

No me pude negar a escribir esta versión de esta salsa porque me topé por lo menos en cuatro estados del país con esta receta: Zacatecas, Querétaro, Coahuila y Chihuahua, además de la Ciudad de México.

Ingredientes

- 6 (60 g) chiles pasilla sin venas, semillas ni pedúnculo, asados
- 1 (10 g) chile mulato sin venas, semillas ni pedúnculo, asado
- 3 tazas (720 ml) de caldo caliente
- ½ (100 g) cebolla blanca
- 1 (4 g) diente de ajo grande, pelado
- 1 cucharadita rasa (6 g) de sal
- 2 cucharadas (30 ml) de aceite de oliva

Procedimiento

1. Rompa los chiles y remoje en el caldo por 20 minutos para que se suavicen.
2. Licúe los chiles con el caldo, la cebolla, el ajo y la sal hasta obtener una salsa tersa que no sea necesario colar.
3. Caliente el aceite, añada la salsa y deje hervir. Baje a fuego lento y cueza por 15 minutos. Retire del fuego, pruebe y ajuste de sal. Sirva en una salsera a temperatura ambiente.

Main Ingredients
for Mexican Salsas

Allspice (*Pimenta dioica*)

Larger in size than the black pepper, this seed is more perfumed and its aroma little reminiscent of clove. Used for seasoning salsas, it can delicately enhance the flavor and aroma of the salsa when lightly roasted on a comal or pan before being ground.

Avocado Leaf (*Persea americana*)

Leaf of the criollo avocado tree, its color is green when fresh, with an anise-like flavor. Fresh or dried, it's roasted and ground for adding to guacamoles, to give them an even more elegant flavor. Keep in mind that before using, it is recommended to roast and then grind it, but the veins should be removed to avoid a slightly bitter flavor.

Cambray Onion (*Allium cepa*)

A small bulb measuring ¾ to 1½ inch in diameter. In the sauces mentioned in this book it's used without the green tops, and finely chopped. Its flavor is similar to that of the common white onion and sometimes called knob or boiling onion.

Cantaloupe or *Melón chino* (*Cucumis melo*)

Called *chino*, "curly" for its ridged textured skin. A round fruit, the size of a small coconut, with a beige colored rough skin; the flesh of this fruit has an intense pink-like color, often described as melon color. Its pulp is very sweet.

Chicharrón de papel

A type of chicharrón, or crisp fried pork rind, that is very thin (*papel* – paper), crunchy and fragile. It's used in small quantities and in pieces in salsas; it's also placed on small plates at the center of the table so that each diner can take a piece and scoop a little salsa to eat as a snack.

Colima Salt

Salt produced in the state of Colima that has qualities similar to the "fleur de sel", that is, it's a quality salt, with a sophisticated flavor. When reheating foods, they do not become saltier, as usually happens when using common table salt. It can be substituted with any kind of salt (coarse, sea or table). In general terms, it's a finer salt than the common one.

Crema de rancho, crema fresca

"Farm cream", also called *crema ranchera*, has a highly appreciated, very thick consistency and a delicious slightly acidic flavor; it is similar to crème fraîche.

Cucumber (*Cucumis sativus*)

An elongated cylindrical fruit usually green in color, with a light green colored pulp and a great amount of seeds. It's mainly a ground crop. Depending on the variety used, the cucumber has different characteristics. In Mexico the common cucumber is used, with a slightly hard and fibrous skin.

English or European cucumber is slightly thinner, longer than the common variety and with a lighter green color. This cucumber's skin is so thin that it can be eaten.

There is also a variety called white cucumber that as its name indicates, has a more polished skin and inside pulp. Its length is similar to the European cucumber and its main appeal is its uncommon color, though its flavor is quite similar.

All three varieties can be used for the recipes in this book; the pico de gallo will turn out fresh and with an agreeable texture.

Fish Sauce

A fish flavored Asian sauce, very salty with an agreeable flavor, liquid consistency and a dark brown color. It is found in any supermarket that has a section with Asian products; be careful with the amounts used, if used in excess the dish will be too salty.

Fresh Fava Bean (*Vicia faba*)

A seed that is green when tender, yellow when ripe and dried; found in a pod from which it must be removed, along with another skin that envelops the seed. These must be removed before cooking. This legume is added fresh to preparations. It's ground and/or blended with the chiles and tomatillos to make salsas.

Guaje Seeds (*Leucaena esculenta, L. leucocephala*)

A green or sometimes purple colored seed similar in shape to the pumpkin seed, contained in an elongated pod some 4 to 6 inches long. The pod holds 10 to 15 guajes. This seed, whether

Principales ingredientes de las salsas mexicanas

Aguacate hass (*Persea americana*)

Fruto globoso del árbol del aguacate, de piel rugosa oscura con pulpa verde y/o amarilla de textura muy cremosa. La variedad Hass es la más vendida y comercializada. También se puede utilizar la variedad "Fuerte", "Criollo" o "aguacatillo"; este último es más pequeño y se come con todo y cáscara.

Cebolla cambray (*Allium cepa*)

Bulbo pequeño de 2 a 3 centímetros de diámetro. En las salsas mencionadas en este libro, se emplea sin rabo y finamente picada. De sabor parecido a la cebolla blanca común.

Cebolla morada (*Allium cepa*)

En la cocina de la península de Yucatán cobra mucha importancia por su sabor, porque se emplea en casi cualquier antojito o salsa. Da un vistoso color; se puede sustituir por cebolla blanca.

Chicharrón "de papel"

Chicharrón de cerdo muy delgado, crujiente y quebradizo. Se utiliza en pequeñas cantidades y trozos en las salsas, aunque también se coloca en platitos pequeños al centro de la mesa para que cada persona tome un poco de la salsa con ellos y se coma en forma de botana.

Crema de rancho

Crema de consistencia muy espesa, muy preciada por esta característica y de muy buen sabor.

Durazno amarillo (*Prunus persica*)

Fruto redondo de piel aterciopelada, pulpa amarilla muy dulce y crocante; también se le conoce como melocotón. La adición de este durazno a un pico de gallo resulta en una increíble combinación.

Guayaba (*Psidium guajava*)

Fruto redondo de unos 4 centímetros de diámetro, pulpa amarilla muy carnosa y aromática, con muchas semillas en el interior que deben ser retiradas antes de su uso.

Haba verde (*Vicia faba*)

Semilla de color verde cuando está tierna, es amarilla al madurar y secarse; se encuentra contenida en una vaina de la que se debe sacar y después otra piel que encierra la semilla. Deben retirarse antes de cocinarse. Esta legumbre se agrega tierna en los preparados. Se muele y/o licúa con los chiles y tomate para hacer salsas.

Hoja de aguacate (*Persea americana*)

Hoja del árbol de aguacate criollo, de color verde cuando es fresca, de sabor anisado. Fresca o seca, se asa y muele para agregar a los guacamoles para dar un sabor aún más elegante. Tenga en cuenta que antes de emplearla se recomienda asarla y después molerla, pero debe retirar las nervaduras para evitar un sabor ligeramente amargo.

Jícama (*Pachyrhizus erosus*)

Raíz globosa de piel café con pulpa blanca, jugosa, dulce y crocante. Combina muy bien con frutas y vegetales como pepino, piña, jitomate e incluso xoconostle, también en picos de gallo y guacamoles.

Lima (*Citrus limetta*)

Fruto cítrico redondo parecido a un limón, de unos 5 centímetros de diámetro. De cáscara verde claro rugosa, pulpa jugosa y aromática. Este fruto se encuentra principalmente en los estados del sureste de México, no existe un sustituto real.

Al momento de pelarla, procure retirar y eliminar cualquier rastro de la cáscara y de la piel blanca, ya que pueden resultar muy amargos si se llegan a comer.

No se consigue todo el año, puede sustituirse por toronja, aunque no es lo mismo, pues ésta es más amarga.

Limones y limas (*Citrus spp.*)

Curiosamente, aunque estos dos nombres se refieren a frutos cítricos, estos nombres, generalmente, son usados en forma inversa en México y en países anglófonos como Estados Unidos. Lo que en México llamamos limón, en Estados Unidos se conoce como *lime*, y lo que en México llamamos limón amarillo,

dried or fresh, has been consumed since ancient times. It can be eaten raw, cooked or toasted.

Guava (*Psidium guajava*)

Round fruit about 1½ inches in diameter, with a very aromatic and meaty yellow pulp with many interior seeds that must be removed before use.

Hass Avocado (*Persea americana*)

Globular fruit of the avocado tree, with a dark wrinkly skin and a very creamy textured green and/or yellow pulp. The Hass variety is the most sold and commercialized. Also usable are the "Fuerte", "Criollo" or "aguacatillo" varieties, this last one is smaller and is eaten skin and all.

Jícama (*Pachyrhizus erosus*)

It's a globular root with a brown skin, and a juicy, sweet and crunchy white pulp. Combines well with fruits and vegetables such as cucumber, pineapple, tomato and even sour prickly pear, also in picos de gallo and guacamoles.

Lemons and Limes (*Citrus spp.*)

What we in Mexico call a limón is known in the U.S. as a lime, and what we in Mexico call *limón Amarillo, europeo o eureka* is referred to as lemon in the U.S. A third citric, not considered a lime in Mexico, is the *lima* (*Citrus limetta*), used in the southern states of Mexico.

Note: so when lime juice is mentioned in any of these recipes in English, should you compare a recipe with the one in Spanish, you will read *jugo de limón*!

Lima (*Citrus limetta*)

It's a round citric fruit similar to a lemon, about 2 inches in diameter. Its rough skin is light green, its pulp is juicy and aromatic. This fruit is found mainly in the southeastern states of Mexico, and it has no real substitute.

Once peeled, try to remove and eliminate any trace of the peel and the white skin, since they can be bitter if eaten.

It's not found year long, but it can be substituted with grapefruit, though it isn't exactly the same since the latter is more bitter.

Manila Mango (*Mangifera indica*)

Globular fruit with abundant yellow pulp, sweet and aromatic, excellent in a guacamole or a pico de gallo, remember the pulp must be ripe and firm.

There are other varieties of mango that can be used when making the preparations featured in this book; some of them are: ataúlfo mango, petacón mango and paradise mango. The amount of pulp and the flavor may vary slightly.

Miltomate (*Physalis spp.*)

Very small tomatillo about ⅜ inches in diameter, that grows in cornfields. Sweet tasting, with more character than other tomatillos, which is why it's considered superior to the cultivated or common tomatillo.

Oregano (*Lippia berlandieri, Dalea greggii, Origanum spp.*)

A small intense green leaf some ¾ to 1¼ inches long and ¾ wide. Fresh or dried, this leaf is used to perfume both salsa and guacamoles. It's much more common to find it dried than fresh, and is sold in any market or store; but do sift the oregano when you're going to use it so that no vestiges of dried stems remain. Salsas that include oregano in their composition will always have an herbal and elegant touch in flavor.

There are many varieties but the better known and traditional ones are three: oregano from the country's central region is pale green in color, with small leaves and a marked aroma. Oregano from Yucatán has larger leaves and its color is dark green; its aroma is intense and delicate, and it's used to perfume and season traditional dishes from the peninsula. Nuevo León oregano is known as the state's "green gold" due to its excellent quality in flavor and aroma; its leaves are thin and elongated, their color is light green, but they add an inimitable flavor to any dish.

Pecan (*Carya illinoinensis*)

A dried elongated fruit from the pecan tree. The pecan in it's natural state is contained inside a brown shell, that must be broken to extract the brown seed, of wrinkled texture and the shape of a brain. Used in some salsas, it changes their flavor. It confers a very characteristic note and can be used whole, ground or even chopped. It's also known as *nuez cáscara de papel* (paper-skin), nuez *encarcelada* (imprisoned) or nuez larga (long).

Pipicha (*Porophyllum tagetoides*)

A light green colored elongated leaf that measures around 1¼ inch in length and about ⅜ inch in width. It's considered a *quelite*, an edible herb. It has a very intense herbal flavor quite similar to the *pápalo quelite* (which can be its substituted), and goes very well with a guacamole.

europeo o eureka, en EE UU es llamado *lemon*. Un tercer cítrico que no es considerado limón en México, es la lima (*Citrus limetta*).

Mango Manila (*Mangifera indica*)

Fruto globoso de pulpa amarilla muy abundante, dulce y aromática, queda excelente en un guacamole o en un pico de gallo, recuerde que la pulpa debe estar madura y firme.

Existen otras variedades de mango que se pueden emplear al momento de hacer los preparados de este libro, algunas de ellas son: mango ataúlfo, mango petacón y mango paraíso. La cantidad de pulpa y el sabor pueden variar ligeramente.

Manteca de cerdo

Grasa del cerdo que se usa para freír algunos ingredientes de las salsas de este libro. Por lo general, son los chiles los que pasan por esta cocción, aunque también la cebolla, los ajos y los jitomates se llegan a freír en manteca; aparte de dar una cocción previa, aumenta el sabor de los ingredientes y del preparado en general.

Melón chino o cantalupe (*Cucumis melo*)

Fruto redondo, del tamaño de un coco pequeño con piel rugosa y de color beige; la carne de la fruta es como color rosa intenso, que suele describirse como color melón. De pulpa muy dulce.

Miltomate (*Physalis spp.*)

Tomate verde muy pequeño como de 1 centímetro de diámetro, que crece en la milpa. De sabor dulce, con más carácter que los demás tomates por lo que se considera superior al tomate verde de cultivo o común.

Naranja agria (*Citrus aurantium*)

Fruto cítrico redondo de color verde o naranja claro al madurar. Como su nombre lo indica, su jugo es de sabor agrio. A pesar de obtener poco jugo de una sola naranja, no puede faltar en la mesa yucateca una salsa que esté elaborada con ella, o una cebolla encurtida con la misma. El bajo grado de dulzor contribuye a lograr una excelente sazón en los preparados. Si no se puede encontrar naranja agria, puede sustituirla por jugo de limón verde, pero no recomiendo sustituirla con vinagre.

Nuez pacana (*Carya illinoinensis*)

Fruto seco y alargado proveniente del nogal. En estado natural se encuentra dentro de una cáscara color café, que debe romperse para extraer la semilla de color café también, de textura un poco rugosa y con forma de cerebro. Empleada en algunas salsas, cambia el sabor de las mismas. Confiere una nota muy característica y se puede utilizar entera, molida completamente o incluso troceada. También se le conoce como nuez cáscara de papel, nuez encarcelada o nuez larga.

Orégano (*Lippia berlandieri, Dalea greggii, Origanum spp.*)

Hoja pequeña color verde intenso de unos 2 a 3 centímetros de largo y 2 de ancho. Fresco o seco, esta hoja se utiliza para aromatizar tanto salsas como guacamoles. Es mucho más común encontrarlo seco que fresco, y se vende en cualquier mercado o tienda; eso sí, recuerde despalillarlo al momento de ocuparlo para que no queden trazas de ramitas secas. Las salsas que lleven orégano en su composición siempre tendrán un toque herbáceo y de elegancia en su sabor.

Existen muchas variedades, pero las más conocidas y tradicionales son tres: El orégano del centro del país es de color verde pálido, de hoja pequeña y aroma marcado. El orégano yucateco es de hojas más grandes y de color verde oscuro; es de aroma intenso y delicado, que se usa para aromatizar y especiar platillos tradicionales de la península. El orégano de Nuevo León es conocido como el "oro verde" del estado debido a su excelente calidad en sabor y aroma; de hojas delgadas y alargadas, son de un verde claro, pero añaden al platillo un sabor inigualable.

Pepino (*Cucumis sativus*)

Fruto alargado, cilíndrico y de color verde en su mayoría con pulpa verde tenue y gran cantidad de semillas. Se da principalmente en plantas de suelo. Dependiendo de la variedad que se ocupe, el pepino tiene características distintas. En México se emplea el pepino común, de cáscara ligeramente dura y fibrosa.

El pepino inglés o europeo es ligeramente más delgado, de una longitud mayor al común y un color verde más claro. La cáscara de este pepino es tan delgada que se puede comer.

Existe también una variedad llamada Pepino blanco, que como su nombre lo indica tiene la cáscara y pulpa interior más pulidas. De longitud parecida al europeo, su mayor atractivo es el color poco habitual, aunque su sabor es muy similar.

Las tres variedades se pueden emplear para las recetas aquí presentadas, el pico de gallo resultará fresco y con textura agradable.

Pork Lard

Pork fat used for frying some ingredients of the salsas featured in this book. Generally, the chiles are fried thus, but also onion, garlic and tomatoes are sometimes fried in lard; besides contributing to an initial cooking, it increases the flavor of the ingredients and of the preparation in general.

Pumpkin Seed (*Cucurbita spp.*)

The green, dried and peeled pumpkin seed; it can be used in salsas. Be careful when roasting the seeds, since they can burst and jump from the pan or burn quickly if not careful.

Ranchero Cheese

This fresh cow milk farm cheese with a slightly salty flavor can be substituted by Panela cheese, which is softer, or with aged (añejo) cheese, that has a very similar taste to the ranchero.

Red Onion (*Allium cepa*)

Also called "purple onion" in Mexico. In the cuisine of the Yucatán Peninsula it's very important due to its flavor and because it's used in almost any snack or salsa. It adds a colorful touch, but can be substituted by white onion.

Seville Orange or Bitter Orange (*Citrus aurantium*)

A round citric fruit, green or light orange when ripe. As its name indicates, its juice has a bitter flavor. Though a single orange provides little juice, a salsa made with it or an onion pickled in it, is a must at Yucatecan tables. The low degree of sweetness contributes to an excellent flavoring for preparations. If you can't find bitter orange, you can substitute it with lime juice, but I don't recommend substituting it with vinegar.

Tomatillo (*Physalis spp.*)

Not to be confused with the *miltomate*; the tomatillo is a crop vegetable whereas the *miltomate* grows naturally in the cornfield. Both varieties are interchangeable and re essential for green salsas and others, like guacamoles. The tomatillo may sometimes have light yellow or purple tonalities.

Roasted or simmered, it's very important to remove its husk and wash it thoroughly, otherwise the husk can lightly embitter a preparation.

Tomatito Silvestre/Creeping False Holly Berry (*Jaltomata procumbens*)

This tomato (*Jaltomata procumbens*) is very small, about 3/8 inches in diameter, with a bright red color; also called *jaltomate*, it's sold only in local markets in small piles or by tin-can measures, and it's very juicy besides being sweet. It's used for salsas, though it can also be used in salads or any preparation.

Vinegar

The one most commonly used in Mexican cuisine is white sugarcane vinegar, though apple cider vinegar is also favored. These are strong vinegars, so you must use only the amounts indicated in the recipe.

White Pulque

Fermented alcoholic beverage made from the sap extracted from the agave plant. Traditionally, this beverage is used for making a variety of salsas named "borrachas" – drunken, which use fresh white pulque. This salsa's origins are very ancient. There is no real substitute for pulque, though in its place you can use blonde beer.

Xoconostle or Sour prickly pear (*Opuntia joconostle*)

A tangy acidic tasting prickly pear from the nopal cactus (*Opuntia joconostle*). Its name in spanish (*xoconostle*) derives from the Náhuatl *xoco* (bitter) and *nochtli* (prickly pear); its acidic and sour pulp is used either raw or cooked. It must always be used without the skin and the seeds found in the center of the fruit must be removed. The picos de gallo and the salsas that use xoconostle offer an agreeable tangy flavor to the palate.

There are several variations of *xoconostles*, the most common one is pink. However, also known are the redder Sangre de toro (Bull's Blood), the green one and the Rosa de Castilla (Castile pink).

Yellow Peach (*Prunus persica*)

A round fruit with a velvety skin, and a very sweet and crunchy yellow pulp; also know as *melocotón*. Adding this peach to a pico de gallo results in an amazing combination.

Pepita de calabaza (*Cucurbita spp.*)

La semilla seca y pelada de la calabaza, de color verde; se puede emplear en salsas. Tenga cuidado al asar las semillas, pues estas pueden explotar y saltar del sartén o quemarse rápidamente si no se tiene cuidado.

Pimienta gorda (*Pimenta dioica*)

De tamaño mayor a la pimienta negra, esta semilla es más aromática y con un olor que recuerda un poco al clavo. Utilizada para condimentar salsas, puede acentuar un poco el sabor y aroma de la misma al asarlas ligeramente en un comal o sartén antes de molerla.

Pipicha (*Porophyllum tagetoides*)

Hoja verde claro, de forma alargada que mide unos 3 centímetros de largo y como ½ de ancho, se considera un quelite. Tiene un sabor herbáceo intenso muy similar al pápalo quelite (por el que se puede sustituir), y va muy bien con un guacamole.

Pulque blanco

Bebida alcohólica fermentada proveniente del aguamiel extraído del agave. Tradicionalmente, esta bebida se emplea para elaborar una variedad de salsas a los que se les denomina "borrachas", que se elaboran con pulque fresco blanco. Esta salsa tiene orígenes muy antiguos, no hay un verdadero sustituto para el pulque, aunque puede emplear cerveza clara en su lugar.

Queso ranchero

Este queso de leche de vaca de sabor ligeramente salado se puede sustituir con queso panela, que es más suave o con queso añejo, de un sabor muy similar al queso ranchero.

Sal de Colima

Sal que se produce en el estado de Colima y posee cualidades similares a la "flor de sal", es decir, es una sal de calidad, de sabor refinado. Al recalentar los alimentos no se salan aún más como suele suceder con la sal de mesa común. Se puede sustituir por cualquier tipo de sal (gruesa, de mar, fina). En términos generales, es una sal mas fina que la sal común.

Salsa de pescado

Salsa oriental de sabor a pescado muy salada de sabor agradable, consistencia líquida y color café oscuro. Se puede encontrar en cualquier supermercado que posea una sección de productos orientales; tenga cuidado con las cantidades, si ocupa demasiado el platillo quedará muy salado.

Semillas de guaje (*Leucaena esculenta, L. leucocephala*)

Semilla de color verde o a veces purpúrea de forma parecida a la pepita de calabaza, contenida en una vaina alargada de 10 a 15 centímetros de largo. La vaina contiene de 10 a 15 guajes. Esta semilla, seca o fresca, se consume desde la antigüedad. Se puede comer cruda, cocida o tostada.

Tomate verde (*Physalis spp.*)

No debe confundirse con el miltomate; el tomate verde es de cultivo, mientras que el miltomate es el que crece de manera natural en la milpa. Ambas variedades pueden ser intercambiables, son un ingrediente esencial para las salsas verdes y algunas otras como guacamoles. El tomate verde puede llegar a tener tonalidades ligeramente amarillentas o purpúreas.

Asado o hervido, es muy importante quitarle la cáscara y lavarlo muy bien, porque puede llegar a amargar ligeramente los preparados

Tomatito silvestre (*Jaltomata procumbens*)

Este jitomate es muy pequeño, como de 1 centímetro de diámetro, de color rojo intenso; también llamado jaltomate, solo se vende en mercados locales en montoncitos o en medidas por lata, y es muy jugoso, además de dulce. Se utiliza para salsas, aunque también se puede emplear en ensaladas o cualquier preparado.

Vinagre

El más común en la cocina mexicana es el vinagre blanco de caña, aunque también se usa el de cidra de manzana. Estos vinagres son fuertes, y por eso sólo se debe utilizar la cantidad que indica la receta.

Xoconostle (*Opuntia joconostle*)

Tuna agria que proviene de una variedad del nopal (*Opuntia joconostle*). Su nombre procede del náhuatl Xoco (agrio) y nochtli (tuna); de pulpa ácida y agria que se emplea cruda o cocida. Siempre se debe utilizar sin piel y removiendo todas las semillas que se encuentran al centro del fruto. Los picos de gallo y salsas en las que se emplea el xoconostle aportan un sabor agrio agradable al paladar.

Existen variantes del xoconostle, siendo el rosa el más común. No obstante, también se conocen el Sangre de toro (más rojo), el verde y el rosa de Castilla.

Salsas Index

Índice de salsas

Tomás García Cerezo
Chief Editor

Verónica Rico Mar
Responsible Editor

Gustavo Romero Ramírez
Content Coordinator

Photography
Ignacio Urquiza

Translation
Martial Pierrre Auguste Rémy Bastien van der Meer

Design and Layout
Visión Tipográfica Editores / Rossana Treviño Tobías

Proofreading in Spanish
Evelín Ferrer Rivera

English Copy and Stylistic Editor
Carmen Barnard Baca

Proofreading in English
Jesús Nares Jaramillo

Editorial Assistance
María del Pilar López García

Prepress Coordinator
Jesús Salas Pérez

Cover Design
Nice Montaño Kunze

© February 2021, Ediciones Larousse, S.A. de C.V.
Renacimiento 180, Colonia San Juan Tlihuaca,
Alcaldía Azcapotzalco, C.P. 02400, Ciudad de México

ISBN: 978-607-21-2374-8

21 Rue de Montparnasse, 75298 Paris Cedex 06
www.larousse.com.mx

En Hachette Livre México usamos
materias primas de procedencia
100% sustentable

Tomás García Cerezo
Director editorial

Verónica Rico Mar
Editora responsable

Gustavo Romero Ramírez
Coordinador de contenidos

Fotografía
Ignacio Urquiza

Traducción
Martial Pierrre Auguste Rémy Bastien van der Meer

Diseño y formación
Visión Tipográfica Editores / Rossana Treviño Tobías

Corrección en español
Evelín Ferrer Rivera

Cotejo y corrección de estilo en inglés
Carmen Barnard Baca

Corrección en inglés
Jesús Nares Jaramillo

Asistencia editorial
María del Pilar López García

Coordinación de salida y preprensa
Jesús Salas Pérez

Diseño de portada
Nice Montaño Kunze

© Febrero 2021, Ediciones Larousse, S.A. de C.V.
Renacimiento 180, Colonia San Juan Tlihuaca,
Alcaldía Azcapotzalco, C.P. 02400, Ciudad de México

ISBN: 978-607-21-2374-8

21 Rue du Montparnasse, 75298 Paris Cedex 06.
www.larousse.com.mx

Primera edición - Primera reimpresión

Esta obra se terminó de imprimir en el mes de mayo de 2022 en los talleres de,
Infagón Web, S.A. de C.V. en Alcaicería No. 8,Zona Norte Central de Abastos Iztapalapa, C.P. 09040.